●はじめに

授業に「英語の歌」を

　構想2年。今、目の前にあるこの本の完成を心から喜びたい。この本では、永遠に歌い続けられるに違いない、スタンダードな曲だけを選んだ。歌は時代を超えてよみがえる。古い曲が入っているのはそういう理由からだ。読者の皆さんにとって、この本が身近な存在となり、かつ授業では心強い味方になることを期待したい。

　この本を作るために、全国から集められたスタッフの素顔を若干紹介しておこう。いずれも、英語の歌を長年授業で使ってきた百戦錬磨の猛者ばかり。しかも、全国でワークショップや講演をこなしている面々である。一人ひとりが多くのアイデアを持っており、その情報量もすごいが、それだけでなく、全員が楽器を演奏してしまう。このメンバーで何度か編集会議を開いたが、議論百出。アイデアがどんどん生まれ、それがうれしくて、終わってから何度かカラオケに行った。なんと、クロスビー・スティルス・ナッシュ・アンド・ヤングの Teach Your Children やサイモンとガーファンクルの曲を、即興で、しかも見事なハーモニーで歌えることがわかり、お互いのポテンシャルの高さにうならされた。この本が発売されているころには、東京のスタジオに集まって出版記念のセッションができたらと考えている。最初の演奏曲はビートルズの Hello, Goodbye だろうか。

　この本にはCDが2枚ついているのがうれしい。CD1はボーカル入りの演奏だ。まずCDショップで曲を探す手間が省ける。また、市販されている英語の歌のテープやCDと比べて、オリジナルの音に限りなく近い。多くの方は最初の Please Mr. Postman を聞いて、一瞬カーペンターズだと思われたのではないだろうか。私は、正直言ってあまり期待していなかったのだが、初めて聞いたときとても驚いた。歌手の発音はオリジナル歌手よりもわかりやすく、リスニングの課題にはうってつけだろう。何よりもうれしいのは、ボーカルなしの演奏（CD2）がついていることだ。これがあると、生徒の意気込みが全然違ってくる。仕上げはカラオケで歌う。学期の最後に実際にカラオケ大会を企画するという遊び心も生まれてきてほしい。

　この本がきっかけで、英語の歌を授業で使うことが当たり前のようになれば、これ以上の喜びはない。と同時に、10年後には別のスタッフで、ぜひ『決定版！授業で使える英語の歌2, 3』を出していただけたらと思う。私たちの小さな願いである。

　最後に、英語の歌がいかに本物の教材となりうるか、学習効果を上げるかということについて述べておきたい。これを知ったうえで指導するのと、漠然と歌わせるのとでは、生徒への波及効果が全然違ってくるからである。

授業で英語の歌を使うメリットは次のとおりである。

1. 英語に対して親近感が生まれ、英語学習への意欲が高まる。
2. 大きな声で歌うことで、心が解放されクラスの雰囲気がよくなる。
3. 歌は読み取りの自主教材となる。
4. 習っている事項の復習や、これから習う単語の予習になる。
5. 教科書には出てこない生の英語表現に触れることができる。
6. 音読練習に格好の教材となり、大きな声を出す習慣がつく。
7. 歌の中で、それぞれの国の文化が教えられる。
8. 歌詞を参考にして自己表現（作詞）につなげることができる。

また、次のような効果があることも付け加えておきたい。

- 歌は右脳を使うので、リズムと音と言葉が結びつき、定着しやすい。
- 毎回歌うので、進歩する過程が自分でわかる。
- 「歌えるようになりたい」という強い目的意識を持って、集団で楽しく音読練習ができる。
- リンキングや脚韻などについても学べる。
- 音読では暗唱できるまでくり返し練習することが大切だが、歌は肩ひじはらずに楽しく暗唱できる。

今年も英語の歌に慣れ親しんだ卒業生が巣立っていった。最後の授業で、こんな感想を書いた生徒がいた。

「英語の歌を通して、いろんな文化や見方を知ることができたと思います。人生についてもそうです。私たちがこれから何をしなければならないかということもメッセージとしてしっかり受け取りました。From a Distance や Tears in Heaven などは詩人になったつもりで訳したので、特に思い入れがあります。英語の授業がこんなに感動的だったのは、歌とそれを選んでくださった先生のおかげです。本当にありがとうございました」

さあ、今度はあなたのクラスの生徒がこんな感想を書く番である。

中嶋洋一

●本書・CDはこうして使おう！

1.本書の構成

各曲には4ページが当てられています。

1ページ目：歌詞

2ページ目：対訳、注

3ページ目：曲・アーティスト・時代背景の解説、収録CDの紹介

4ページ目：授業での活用法の紹介

★「歌詞・対訳」「解説・活用法」が見開きで、使いやすい構成になっています。

★歌詞の表記は、詩の形式（行頭は常に大文字、行末の句読点は省略）をあえて採用せずに「文頭は大文字、行末には句読点」という生徒の見慣れたセンテンス形式に統一してあります。

★対訳は「読み取り教材」として使用する場合を考慮して、なるべく直訳に近い形を取りながら原詞の意味を忠実に伝えることを心がけました。

　また、解説の下にはその曲が収録されているCDのジャケットと型番を載せましたので、原曲を探す際の参考にしてください。

2.付属CDの内容

本書には、CDが2枚付属しています。

CD1：オリジナルに限りなく近いボーカル入りの演奏20曲（65分16秒）

CD2：ボーカルなしのカラオケ演奏20曲

CONTENTS

執筆担当

1. Please Mr. Postman	蓑山	6
2. Sing	井上	10
3. Hello, Goodbye	久保野	14
4. Yellow Submarine	蓑山	18
授業に英語の歌を		22
5. Take Me Out to the Ball Game	久保野	24
6. Thank You for the Music	北原	28
7. I Just Called to Say I Love You	北原	32
8. Vacation	田尻	36
授業に英語の歌を		40
9. Bridge Over Troubled Water	中嶋	42
10. Take Me Home, Country Roads	中嶋	46
11. Help!	蓑山	50
12. I Need to Be in Love	田尻	54
授業に英語の歌を		58
13. Yesterday Once More	北原	60
14. Top of the World	井上	64
15. We've Only Just Begun	久保野	68
16. Happy Birthday, Sweet Sixteen	中嶋	72
授業に英語の歌を		76
17. Change the World	井上	78
18. Imagine	北原	82
19. All I Want for Christmas Is You	中嶋	86
20. Heal the World	田尻	90
授業に英語の歌を		94
お薦め曲リスト		96
参考文献		100

1 Please Mr. Postman
words and music by Robert Bateman, G. Dobbins, W. Garrett, F. Gorman & B. Holland

(Stop.)
Oh, yes. Wait a minute, Mr. Postman.
(Wait.)
Wait, Mr. Postman.

(Please Mr. Postman, look and see)
Oh, yeah.

   (if there's a letter in your bag for me.)
Please, please Mr. Postman.
(Why's it takin' such a long time)
Oh, yeah.
   (for me to hear from that boy of mine.)

There must be some words today
   from my boyfriend so far away.
Please Mr. Postman, look and see
   if there's a letter, a letter for me.
I've been standin' here,
   waitin', Mr. Postman so patiently,
   for just a card or just a letter
   saying he's returnin' home to me, Mr. Postman.

(Mr. Postman, look and see)
Oh, yeah.
   (if there's a letter in your bag for me.)
Please, please Mr. Postman.
(Why's it takin' such a long time)
Oh, yeah.
   (for me to hear from that boy of mine?)

So many days you passed me by.
See the tears standin' in my eyes?
You didn't stop to make me feel better
   by leaving me a card or a letter, Mr. Postman.

(Mr. Postman, look and see)
Oh, yeah.
   (if there's a letter in your bag for me.)
Please, please Mr. Postman.
(Why's it takin' such a long time?)

Why don't you check it and see,
   one more time for me?
You gotta wait a minute, wait a minute.
Wait a minute, wait a minute.
Mr. Postman,
   come on deliver the letter,
   the sooner the better.
(Mr. Postman.)

プリーズ・ミスター・ポストマン　歌：カーペンターズ

（ストップ）
ちょっと　待ってちょうだい　郵便屋さん
（待って）
郵便屋さん　ちょっと待ってよ

（お願い郵便屋さん　調べてみてよ）
よーくね
　　（かばんの中に私あての手紙がないかしら）
どうかお願いだから　郵便屋さん
（どうしてこんなに時間がかかるの）
ほんとに
　　（彼氏から手紙が届くのに）

今日こそ便りがあっていいはずだわ
　　遠くにいる彼氏からの
お願いだから郵便屋さん　よく見てよ
　　私あての手紙がないかしら
私はここにずっと立っているのよ
　　じーっと待っているの、郵便屋さん
　　はがきか手紙を
　　彼氏が私のもとに帰ってくるっていう知らせを

（郵便屋さん　調べてみてよ）
よーくね
　　（かばんの中に私あての手紙がないかしら）
どうかお願いだから　郵便屋さん
（どうしてこんなに時間がかかるの）
ほんとに
　　（彼氏から手紙が届くのに）

もう何日もあなたは通り過ぎて行くだけ
私の目には涙がたまっているのがわかるでしょ
あなたは止まって私の気分を晴らしてくれないじゃないの
　　はがきや手紙の一つでも置いてってよ　郵便屋さん

（郵便屋さん　調べてみてよ）
よーくね
　　（かばんの中に私あての手紙がないかしら）
どうかお願いだから　郵便屋さん
（どうしてこんなに時間がかかるの）

かばんの中を調べてみてよ
　　もう一度ね
待ってよ　待ってー
お願い、待って
ねえ　郵便屋さん
　　手紙を配達して
　　早いほどいいわ
（どうか郵便屋さん）

please: どうかお願い／wait a minute: ちょっと待って／look and see: よく見て／if ...: …かどうか／Why's it takin' such a long time: どうしてこんなに時間がかかるの／takin'=taking／... of mine: 私の…／There must be...: …があるに違いない／just a...: …だけ

Please Mr. Postman

　The Carpenters は、兄 Richard と妹 Karen の兄妹2人のデュオグループで、カレンの歌声は低音域から高音域までカバーし、高音域でもフルートのような透明感を持つ歌声として、デビュー直後からポピュラー音楽界最高と絶賛された。1969年にアルバム『オファリング』を発表して以来、カレンが拒食症のため1983年にこの世を去るまで、数々の名曲をアレンジして世に送り出し、ヒットメーカーであり続けた。

　二人はカリフォルニア大学ロングビーチ校に大学生として通っているころ、デュオとしてデビューを果たした。以来、「遙かなる影」「愛のプレリュード」「スーパースター」「シング」「トップ・オブ・ザ・ワールド」「イエスタデイ・ワンス・モア」などの大ヒットをとばし続けてきた。

　1974年にカーペンターズによって大ヒットした Please Mr. Postman は、ビートルズも手がけた曲であり、非常に有名でノリのよい曲である。オリジナルはマーベレッツというモータウン（黒人音楽を中心に制作している会社）女性グループの全米ナンバーワン曲である。カーペンターズのこの曲を聴くと、ソフィスティケートされた趣の中に、彼からの便りを待つ乙女心の切なさが伝わってくる。リズム感もよくハーモニーも絶妙で、いささかのすきもない。

　1974年は、アラブ産油国が原油の減産・禁輸・値上げ等を行い世界経済が深刻な打撃を受けた年であり、高度経済成長を走ってきた日本列島にも、景気の陰りが見え始めてきたころである。そのころは大学生にとっても就職難がやってきて、カーペンターズを聴いて心がいやされたものである。

　余談であるが、筆者の友人の一人であるAさんから楽しい話を聞かせてもらった。あのカーペンターズと一緒に同じステージの上で歌を歌ったことがあるというのだ。信じられないような話なので「どうして、本当?」と聞き返してみると、それは本当の話であることがわかった。カーペンターズが来日し、福岡市でコンサートを開いたとき、カーペンターズのバックコーラスの一人として、少女のAさんは「シング」を一生懸命に歌ったということであった。いい話である。

Twenty-two Hits of the Carpenters
The Carpenters
POLYDOR POCM-1540

この曲の使い方

Please Mr. Postman

★歌の使用学年：1年生またはどの学年でも
★使用時期：いつでも
★主な言語材料

　フレーズ
　　Wait a minute　　　Please Mr. Postman, look and see
　　Why's it takin' such a long time　　that boy of mine
　　There must be some words today
　　just a card or just a letter　　　you passed me by
　　You didn't stop to make me feel better

★アドバイス

　ノリがよく、一度歌い出したら、歌詞が口をついて出てくるような雰囲気を持った曲である。歌詞の中には難しい表現がいくつかあるが、1年生から歌い始めてもさほど困難さはないと思われる。この曲は雰囲気を楽しむだけではなく、重要ないくつかのフレーズを取り出して指導するとよい。

　筆者が指導した例として、フレーズを取り出して、2〜3人のグループで会話文等を創作させてみたことがある。生徒たちも楽しんで作っていたのでその例を挙げてみる。ぜひ試してほしい。

ワークシート1　Please Mr. Postman

1　Wait a minute. を使って会話文を作ってみよう。
　　Hirofumi: Let's go to the gym. It's 3:30. We must practice basketball.
　　Noriyuki: **Wait a minute.** I must write in the classroom diary.

2　just a を使って文を作ってみよう。
　　Please send me **just a** letter.　Please give me **just a** chocolate.

3　(　　) の中に適切な言葉を入れて、たくさんの文を作ってみよう。
　　(　Music　) makes me feel better.
　　(　Sports　) make me feel better.
　　(　My friend　) makes me feel better.

Sing
words and music by Joe Raposo

Sing, sing a song.
Sing out loud.
Sing out strong.
Sing of good things, not bad.
Sing of happy, not sad.
Sing, sing a song.
Make it simple to last your whole life long.
Don't worry that it's not good enough
    for anyone else to hear.
Just sing, sing a song.

La la la la la la, la la la la la la, la la la la la la

Sing, sing a song.
Let the world sing along.
Sing of love there could be.
Sing for you and for me.
Sing, sing a song.
Make it simple to last your whole life long.
Don't worry that it's not good enough
    for anyone else to hear.
Just sing, sing a song.
Just sing, sing a song.
Just sing, sing a song.

La la la la la la, la la la la la la, la la la la la la...

シング　　歌：カーペンターズ

さあ歌いましょう
思いっきり大きな声で
そして力強く
悪いことじゃなくて　よいことを
悲しいことじゃなくて　楽しいことを
さあ歌いましょう
一生歌い続けられるように　飾らずに
人に聞かせるほどうまくないなんて
　　余計な心配はせずに
さあ歌いましょう

ラララララ、ラララララ、ラララララ

さあ歌いましょう
世界中のみんなで
ありったけの愛をこめて
あなたのために　私のために
さあ歌いましょう
一生歌い続けられるように　飾らずに
人に聞かせるほどうまくないなんて
　　余計な心配はせずに
さあ歌いましょう
さあ歌いましょう
さあ歌いましょう

ラララララ、ラララララ、ラララララ…

loud: 大声で／strong: 強く／make it simple to last...: 長く歌い続けられるようにシンプルにする／worry: 心配する／enough: 十分な／anyone else: ほかのだれか／let the world sing along: 世界の人たちに一緒に歌わせる

Sing

　この曲は1973年に発表された。『セサミ・ストリート』の挿入歌としても使われた。「カンタ」というタイトルでスペイン語のバージョンでも録音されている。現在でも幼児番組で歌われたり、小・中学校用の歌集に載っていたりする曲である。

　カーペンターズは1969年にアルバム『オファリング』でデビュー。A&Mレコードと契約を交わしたとき、二人はまだ大学生でカレンは19歳、リチャードは22歳だった。

　1971年、グラミー賞最優秀新人賞受賞。ちなみに、このころは音楽界ではハードロックの全盛期であった。その中でカーペンターズというのはソフト&ポップを売りにした異色な存在だったが、またたく間に「遙かなる影（(They Long to Be) Close to You）」「愛のプレリュード（We've Only Just Begun）」「スーパースター（Superstar）」「トップ・オブ・ザ・ワールド（Top of the World）」「イエスタデイ・ワンス・モア（Yesterday Once More）」などの大ヒットを放ち、日本ではビートルズをしのぐ人気を博していた。1974年に来日。

　1973年の洋楽シーンを見てみると、ロバータ・フラックが「やさしく歌って（Killing Me Softly with His Song）」でグラミー賞最優秀レコード賞を受賞。スティービー・ワンダーがInnervisionsで最優秀アルバム賞を受賞。ベット・ミドラーが最優秀新人賞を受賞。

　日本では、競馬のハイセーコー、高校野球の江川卓、大相撲の輪島大士とスポーツ界を3匹の怪物が暴れ回った。また、香港映画のブルース・リーが『燃えよドラゴン』で一躍大スターになったのもこの年であった。

　世界に目を向けると、この年の1月にはベトナム和平協定が結ばれ、ニクソン大統領がベトナム戦争終結を宣言した。また4月には、同大統領がウォーターゲート事件関与の疑いで側近4人の辞任を発表。自らは翌年8月に辞任に追い込まれた。

Singles 1969-1981
The Carpenters
Universal International POCM 1586

この曲の使い方

Sing

★使用学年：1年生

★使用時期：導入期（一般動詞を導入した後）

★主な言語材料：命令文（Sing, Make it simple..., Let the world...）

　　　　　　　否定の命令文（Don't worry...）

★生徒のリアクション

　使用されている単語がやさしいこと、またくり返しくり返し同じ単語が登場するので生徒たちはすぐに覚えて歌うことができる。

★授業での使い方

　筆者は、よくワークシート（虫食いの歌詞と対訳を印刷したもの）を配布し、曲を聴かせながらディクテーションを行う方法をとっているが、1年生の最初では既習の単語が少ないためやや難しい。

　1年生の場合には、言語材料よりも先に音声面での指導を重点的に行いたい。特に、日本語にはない母音や子音を早い時期に身につけさせたい。

　例えば、この曲の中では *th*ings, *th*e w*o*rld, *li*fe, *e*n*ou*gh, *f*or, *o*f, *l*ove, *th*e*r*e など、英語の特徴的な音が多数出てくる。歌詞は上記の単語に下線を引いたものを用意し、生徒の注意を引くようにしておく。

　まずは日本語的発音でもいいから、歌をしっかりと覚えさせる。その後に一つひとつの音を取り上げて音声指導を行う。音声指導をしっかりと行った後で、もう一度歌い直す。ある程度歌えるようになったら、ギターなどの伴奏で楽しく歌うことに移行していく。

Hello, Goodbye
words and music by John Lennon & Paul McCartney

You say yes, I say no.
You say stop and I say go, go, go.

* Oh, no.
You say goodbye and I say hello, hello, hello.
I don't know why you say goodbye,
   I say hello, hello, hello.
I don't know why you say goodbye,
   I say hello.

I say high, you say low.
You say why and I say I don't know.

* Repeat

(Why, why, why, why, why, why do you say goodbye,
   goodbye, bye, bye?)

* Repeat

You say yes, I say no.
You say stop and I say go, go, go.

Oh, oh, no.
You say goodbye and I say hello, hello, hello.
I don't know why you say goodbye,
   I say hello, hello, hello.
I don't know why you say goodbye,
   I say hello, hello, hello.
I don't know why you say goodbye,
   I say hello, hello.

ハロー・グッドバイ　　歌：ビートルズ

　　きみが「はい」と言うと、ぼくは「いや」と言う。きみが「止まれ」と言えば、ぼくは「行け」と言う・・・・・・。
　　ぼくにはわからない　どうしてきみが「さよなら」を言い、ぼくが「こんにちは」になるのか。
　　この曲には「きみ」と「ぼく」の二人が登場する。二人は相反することを言って、何を言っても一致することがない。そして、なぜ相手とこんなにも違うことを言ってしまうのか自分にもわからないのだ。
　　この二人は男女なのだろうか。お互いに好きなのに逆のことを言ってしまう。そこには、恋のかけひき、じらしあいなどの「恋のテクニック」が見える。
　　この二人が同性（男と男、女と女）だとすれば、人の心のもどかしさ、なかなかうまくはいかない人間関係が感じ取れる。
　　きみが「はい」と言って、ぼくが「はい」と言う。でも心の中は「いや」という一節が最後にバックコーラスで出てくるが、これこそ、人生の妙であろう。

歌うときのポイント
① goodbyeは「グッバイ」のようにdの音が脱落する。
② and Iは「アンダイ」のように、「アンドゥ」と「アイ」を連結して発音する。
③ don't knowは「ドンノウ」のようにtの音が脱落する。
④ whyは「ホワイ」と発音するが、「ホ」音の時には、唇をすぼめて発音する。一般にwの音はこのように唇の形に注意するとよい。
　　この曲は出だしが肝心で、最初のYou say yesのところにインパクトをおいて歌い出し、Oh, no.のところは「いやだ」という感情を込めて表現してみよう。
　　次に、I don't know why you say goodbye, I say hello, hello, hello.のところは、「なぜだかわからないけど、きみとぼくは反対のことを言っているね」というもどかしい気持ちで歌ってみよう。
　　慣れてきたらバックコーラスを付けて、2部に分かれて歌ってみると曲のよさが一層引き立つ。

　　＊ビートルズ楽曲は著作権者の意向により、和訳を掲載できません。ご了承ください。

hello: good morning, good afternoon, good evening よりもくだけたあいさつで、友人・知人などの親しい者の間で用いられる。特に good afternoon は、やや古風に響くので hello, hi と言うことが多い。
goodbye: good-bye, good-by ともつづる。

Hello, Goodbye

　The Beatles は、傑作アルバム Sgt. Pepper's Lonely Hearts Club Band に引き続き、テレビ映画 Magical Mystery Tour の撮影とサウンドトラックのレコーディングを開始した。そのセッションの後半に当たる1967年10月、ロンドンは Abbey Road にあるEMIスタジオで、Hello, Goodbye（レコーディング時の仮タイトルは Hello Hello）は録音された。この曲にはベースギターとビオラのオーバーダビングが加えられて発売されているが、その前のシンプルなベーシックトラックを Anthology 2（TOCP-8703〜4）で聞くことができる。

　イギリスでは、2枚組EPの Magical Mystery Tour に先行してリリースされたシングル盤（B面は John Lennon の I Am the Walrus）のみの発売だったが、アメリカではLP盤のB面に All You Need Is Love 他の当時のシングルヒットと共に収録されている。イギリスでは1967年12月〜翌年1月までの7週間、アメリカでは年末年始の3週間、ヒットチャートの第1位に輝き、1963年から連続でクリスマス・シーズンで第1位（1966年はシングルのリリースなし）を記録した。

　クレジットは Lennon ／ McCartney の共作となっているが、実際は作詞・作曲とも Paul McCartney の手による曲である。シンプルな歌詞とメロディーだが、アレンジとベースギターのフレーズに Paul のポップセンスが光る。

　また、The Beatles はこの時期すでにコンサート活動を停止していたため、テレビ放送用に promotional film（今で言う video clip）が製作された。Paul の監督のもと、ロンドンにある Saville Theatre に集合したメンバーは Sgt. Pepper のアルバム・ジャケット用のカラフルな軍服を身につけ、曲に合わせて演奏シーンを収録した。この映像は、アメリカでは The Ed Sullivan Show、日本では『スター千一夜』で放映されたが、イギリス本国では Musicians' Union（音楽家の労働組合）が miming（俗に言う口パク）を禁止していたため、ついに放送されなかった。現在はビデオディスク Anthology 7（TOLW-3247〜8）でこの映像を見ることができる。Hey la, hey helloa ／ Hey la, hey aloha と聞こえるアウトロ（曲が一度終わりそうになった後のコーダのような部分）では、たくさんの女性フラダンサーが登場し、コーラスに合わせて踊っているシーンを見ることができる。

The Beatles / 1967-1970
The Beatles
東芝EMI TOCP-51129〜30

この曲の使い方

Hello, Goodbye

　この歌の歌詞には、中学1年生と3年生の学習に適した言語材料が詰まっているが、「習った英語が素敵な歌の中にも出てきた」という喜び・驚きを生徒が感じられることを大切にし、文法学習・語彙学習といった「勉強くささ」が表に出ないように十分注意したい。

　例えば、1年生に対して使うのであれば、歌詞の中にくり返し登場する以下の反意語（及び対になる語句）に注意を向けさせたい。

yes ⇔ no　　stop ⇔ go　　goodbye ⇔ hello

high ⇔ low　　why ⇔ I don't know

3年生であれば、サビに間接疑問文が登場することに気づかせたい。

I don't know *why you say goodbye, I say hello.*

　また、CDを「歌のモデル」として聞くときには、no – go, low – know, hello – hello のように行末で脚韻（rhyme）を踏んでいる箇所を見つけさせるのも面白い。

　メロディーが十分に歌えるようになった場合は、通常の歌詞カードには書かれていないバックコーラスにも挑戦してみたい。コーラスを担当している John と George が、サビの冒頭の You say goodbye and I say hello, hello, hello. のバックで、Hello, Goodbye / Hello, Goodbye とユニゾンで歌っている箇所がある。（George のリードギターが同じメロディーを弾いている箇所もある。）このメロディーは非常にシンプルで「ドレミファソラシド」という音階とそのバリエーションなので、簡単に覚えてまねることができる。

　You say yes, I say no, / You say stop and I say go, go, go. が最後に登場する部分のバックコーラスでは、Paul の You say yes に応えて I say yes, but I may mean no / I can stay till it's time to go.（ぼくは「はい」と口では言うが、心の中では「いいえ」と言っているときもある。きみと一緒にいられるよ、行かなくちゃいけないときが来るまでは）というオブリガードが聞こえる。ヒントを与えながら、生徒自身に聞き取らせてみるのも面白い。

　この曲は、ピアノとタンバリンだけでも雰囲気が出せる。ピアノの得意な生徒や教師が演奏し、メロディーやコーラスをクラス全体で歌って盛り上げたい。

Yellow Submarine

words and music by John Lennon & Paul McCartney

In the town where I was born
    lived a man who sailed to sea.
And he told us of his life
    in the land of submarines.

So we sailed on to the sun
    till we found the sea of green.
And we lived beneath the waves
    in our yellow submarine.

* We all live in a yellow submarine,
    yellow submarine, yellow submarine.
We all live in a yellow submarine,
    yellow submarine, yellow submarine.

And our friends are all aboard.
Many more of them live next door.
And the band begins to play.

* Repeat

As we live a life of ease,
    every one of us has all we need.
Sky of blue and sea of green
    in our yellow submarine.

* Repeat

イエロー・サブマリン　　歌：ビートルズ

　この歌には「色」が何色出てくるだろうか。答えは3色である。yellow submarine（黄色い潜水艦）、the sea of green（緑の海）、sky of blue（青い空）である。黄色、緑、青の原色が鮮やかな中にも、オレンジ色を連想させる the sun（太陽）や白と青を連想させる waves（波）も出てくる。このイエロー・サブマリンは色鮮やかに彩られた、空想的で夢のある楽しい曲である。

　We all live in a yellow submarine（みんなだれもが黄色い潜水艦の中で暮らしている）というフレーズがくり返し出てくる。これは、だれもが黄色い潜水艦に乗って海原目指して出帆しようというメッセージである。みんな同じ潜水艦の中で平和で気楽で、そして冒険心を持って太陽を目がけて進んでいけたらどんなに幸せだろう。

　黄色い潜水艦とは何だろうか。それは「地球」のことかもしれない。みなさんは何を連想するだろうか。

歌うときのポイント
① lived a manは「リヴダマン」のように「リヴドゥ」と「ア」を、and heは「アンディー」のように、「アンドゥ」と「ヒー」を連結して、発音しhの音が脱落する。
② We all live in a yellow submarineは「ウィーオーリーヴィーナ・・・」のように、「オール」と「リヴ」、「イン」と「ア」をそれぞれ連結して発音する。
③ all aboardは「オーラボード」のように、「オール」と「アボード」を、more of themは「モァロヴゼム」のように、「モァ」と「オヴ」を連結して発音する。

　英語は意味のまとまりで区切って話したり、読んだりされることがある。この曲は区切りの学習に最適なので、区切りごとの意味をつかみながら歌おう。

　　（例）In the town／where I was born／lived a man／who sailed to sea.
　　　　　And he told us／of his life／in the land／of submarines.
　　＊ビートルズ楽曲は著作権者の意向により、和訳を掲載できません。ご了承ください。

... where I was born: 私が生まれた…（場所）／in the land of submarines: 潜水艦がたくさんある国で／sailed on: 航海し続けた／to the sun: 太陽に向かって／sea of green: 緑の海／... are all aboard: …はみんな乗船している

Yellow Submarine

  The Birthplace of the Beatles　　　　　ザ・ビートルズ誕生の地
  What's there in the Cavern?　　　　　　キャバンに今何があるかって
  Energy of tribes from the 60's *(N. Minoyama)*　60年代から続いている熱気さ

　イギリス北部のリバプールを訪れてみた。そこには、John Lennon の生家をはじめ、数々の The Beatles にまつわる場所がある。とりわけ The Cavern Club はビートルズ発祥の地として名高い。ビートルズのデビュー前後（1960年ころ）、彼らはこのワイン倉庫を改造したライブハウス、キャバンで演奏し、実力をつけ人気を獲得していったのである。夕方ともなるとキャバンにはいつしかたくさんの若者が集まり、明日を夢見るバンドのライブ演奏に耳を傾け、身体いっぱいに踊っているのである。ビートルズ出現当時の熱気が、時を経てそのままキャバンに伝わっているのだ。その状況を詠んだのが上記の英詩（俳句）である。

　キャバン時代から数年たち、彼らの演奏は常に新しさを求め、実験的な音楽を追及するようになる。その時代に書かれたのが Yellow Submarine である。この曲は1966年にリリースされ、後に同名アニメーションの主題歌となった曲で、Ringo Starr がリードボーカルを取っている。また、身内やスタッフを巻き込んだコーラスは、聴いただけでも楽しくなるような臨場感あふれる演奏となっている。

　We all live in a yellow submarine.（みんなだれもが黄色い潜水艦の中で暮らしている）の復唱を聴くと、世界中の人々はみんな一つの地球という潜水艦に乗っているというメッセージが伝わってくる。かけがえのない地球の上で、人々がこのように幸せに暮らしていけるような世界をつくっていきたいものである。

　同名のアニメーション映画はDVD等で発売されているが、ウォルト・ディズニーのファンタジアと並び称されるアニメーションの傑作となっている。当時の一流アニメーターたちが描く Yellow Submarine の世界は色彩豊かで、度肝を抜くような怪物たちが登場し、幻想的な世界へと私たちを誘う。

　なお、日本語バージョン「イエロー・サブマリン音頭」を金沢明子が歌っている。（Song Book II EIICHI OHTAKI（大滝詠一作品集VOL. 2）VICL-2154）

Yellow Submarine Songtrack
The Beatles
東芝EMI TOCP-65300

この曲の使い方

Yellow Submarine

★**歌の使用学年：1年生**
★**使用時期**：前置詞の理解ができてから
★**主な言語材料：**
　①**関係代名詞**
　　　lived a man **who** sailed to sea
　　　every one of us has **all** we need
　②**前置詞**　**to, beneath, of, in**
　　　So we sailed on **to** the sun
　　　And we lived **beneath** the waves
　　　Sky **of** blue and sea **of** green
　　　in our yellow submarine

★**アドバイス**

　のんびりとした楽しい歌で、しかも歌詞がそれほど難解ではないので、中学1年生が歌うのに適している。導入時には、歌を聴かせた後で、Fill in the Blanks Game を行うとよい。その際、前置詞だけを（　　）抜きにしたワークシート1を配布して、歌をリスニングしながら適切な単語を書いていくよう指示するとよい。

　歌い始めて1週間くらいたったころ、ワークシート2を配布して、同様に Fill in the Blanks Game を行うとよい。今度は学力に応じて単語を（　　）抜きにしておく。

私と英語の歌

　　私と英語の歌との出会いは、中学2年生のときでした。ギターを弾き始め、ロックを聞くようになってからの目覚めでした。最初は意味もわからず、ただギターを弾きながら歌っていただけでした。

　　それが、だんだんと歌詞の内容が気になり、辞書を引いて意味を調べるようになりました。それから早40年が経ちました。教師になってあっという間の30年でした。しかしながら、このことが教師になった私にこんなにも大きな影響を与えるとは思いませんでした。

　　教壇に立ってからずっと英語の歌を授業で取り入れていますが、その理由は、「自分が好きだったから」「少しでも英語を好きになってほしい」という単純なものでした。しかし、自分が想像していた以上に生徒たちは気に入ってくれていたようです。卒業生に会ったりすると、「先生、歌は良かったよ。続けてね。」「歌のおかげでたくさん単語を覚えられた。」「英語の文法は嫌いだったけど、英語そのものは今も勉強しているよ。」などなど。

　　授業の中では、リスニング力をつけるために歌詞を虫食いにして競争させながら穴埋めさせてみたり、ある程度歌えるようになったらギターで伴奏して歌わせたりしています。音声面から見ても、語と語のつながりの指導は、歌を使うのがベストだと思います。また、夏休みに習った歌を1曲録音してくる宿題を出したり、日本語の有名な曲を逆に英語に直して歌ったり、クラスで役付けをして「We Are the World」を歌ったりもします。

　　歌の使い方は、考えれば考えたなりに出てくるものです。歌ばかりでなく、放映中のクイズ番組やバラエティーショーなども授業のヒントになります。ここ数年、ICレコーダーをクラスに持ち込んで歌やインタビューに多用しています。どんなことでも、どんなものでも、臆せず何でもトライしてみることが大切です。そして、いろいろな方から指導技術を学ぶこともまた重要だと思います。

　　生徒が期待しているのは、教師がいろいろなことに挑戦する姿ではないでしょうか。「教師は生徒の笑顔のためにある。」

　　　Fail again, try again, and fail better. (Samuel Beckett)

井上 謙一
Kenichi Inoue

1962年生まれ。2016年3月栃木県那須塩原市立東那須野中学校に勤務。趣味はDIYとギター演奏。

歌って弾ける英語教師を目指して

英語の歌との出会い

　幼稚園のときからピアノを習っていた私にとって、ロックは「エレキギターの音が騒々しいだけ」の音楽に過ぎませんでした。そのイメージを一掃したのが、小学校4年生のときにステレオのTVコマーシャルで聞いた The Beatles の Let It Be でした。これがきっかけになって、中学校時代は The Beatles にのめり込むことになります。当時は現在と違って、ギターのコード譜（けっこう誤りが多かった）以上に詳しい楽譜などは手に入りませんでした。そこで、幸運にも絶対音感（perfect pitch）に恵まれていた私は、レコード盤がそれこそすり切れるまでくり返し聞き込んで音を聞き取っていきました。（バンド用語ではこの作業を「コピーする」と言い、英語の授業で言えば full dictation するようなもの。）夕方帰宅すると雨戸を閉め、ピアノに向かって大声を張り上げていました。気分は Paul McCartney や John Lennon になり切っていました。細かなフレーズから歌い方まで、徹底的にコピーしたものです。この3年間で、私は「英語のリズム」及び「ロックキーボード奏法」の基礎を身体で覚えたように思います。「右手で和音、左手でルート（基本音）をオクターブで交互に弾く」という Paul の演奏スタイルは、後に Elton John, Billy Joel, Tulip 等を弾き語りする際の基本となりました。

歌から学ぶ英語のリズム―英語のリズムはシンコペーション―

　「英語は強拍が等間隔に並ぶ」と言われますが、厳密にタイミングを測ると「等間隔」にはなっていません。ロックのリズムと同様に4拍子の3拍目が少し「前に突っ込んで」います。このような強拍の移動を音楽用語ではシンコペーション（syncopation）と呼んでいます。The Beatles の Let It Be を4分の4拍子ととらえて説明してみます。拍子にピッタリと乗っていたとすれば、拍と歌詞の関係は次のようになります。（小節の区切りを // で、拍の区切りを / で表します。）

　／ When I ／／ find my／**self** in ／ **times** of ／ trouble

　ところが実際には、self と times が少し前に「突っ込んで」います。

　Take it easy. が「テイキリ／イーズィー」に、Goodbye. が「グバ／アーイ」に聞こえるのも同じ理由です。「テイキッ／イーズィー」「グッ／バイ」とならないのは、3拍目に相当する easy と bye が少し前に突っ込むためなのです。

久保野 雅史
Masashi Kubono

1960年、神奈川県横浜市生まれ。筑波大学（英語学専攻）卒業。神奈川県立外語短期大学付属高校、筑波大学附属駒場中・高等学校を経て、現在は神奈川大学外国語学部准教授。中高一貫校で中学1年から高校3年までを担当し、スピーキング力を伸ばす音読指導、テスト・評価の改善等に取り組む。

高校生時代から友人とバンドを結成し、ビートルズや70年代ブリティッシュ・ロックを学園祭、ライブハウス等で演奏する。担当楽器はキーボード。

Take Me Out to the Ball Game
words by Jack Norworth / music by Albert Von Tilzer

Take me out to the ball game.
Take me out with the crowd.
Buy me some peanuts and Cracker Jack.
I don't care if I never get back.
Let me root, root, root, for the home team.
If they don't win, it's a shame.
For it's one, two, three strikes you're out
   at the old ball game.

私を野球に連れてって

私を野球に連れてって
大勢の人たちと一緒に
ピーナッツとクラッカージャックを買ってよ
帰りのことなんて気にしないわ
地元チームを応援するの
勝てなかったら絶対イヤなの
ワン・ストライク、ツー・ストライク、
スリー・ストライクで三振バッターアウトよ
　　おなじみ野球の試合では

take ... out: …を連れ出す／Cracker Jack: ポップコーンをキャラメルでコーティングした菓子で、くずした「雷おこし」のような食感／care if...:（通例は否定文・疑問文で）…かどうか気にかける／root for...:（略式、アメリカ英語）…を応援・声援する／shame: なさけない・残念なこと／strike(s): ストライク　cf. strike out（動詞で用いて）「三振する」

Take Me Out to the Ball Game

　「私を野球に連れてって」という邦題でも知られている。この歌はサビの部分が有名で、Katie Casey was baseball mad...（ケイティー・ケイシーは野球狂…）で始まる冒頭部分が歌われることは少ない。元来は、デートよりも野球観戦のほうが好きな Katie という少女の物語であり、よく歌われるサビの部分はボーイフレンド（？）に対する彼女の訴えである。ちなみに、バブル時代にヒットした日本映画『私をスキーに連れてって』の英語タイトルは Take Me Out to the Snowland で、もちろんこの曲をベースとしたものである。

　20世紀初頭のアメリカの電車内には「若い女性が新聞の野球記事を見てボーイフレンドと一緒に野球観戦に行く」といった内容の、野球の宣伝ポスターが貼られていた。喜劇役者の Jack Norworth は、それまで野球を見たことがなかったが、1908年にマンハッタンの電車の中で偶然このポスターを目にして、この歌詞を思いついたと言われている。この歌は大ヒットとなり、野球の賛歌として定着して今日に至っている。現在でも大リーグ（Major League）の試合を球場（ball park）に見に行くと、7回表（the top of the seventh inning）から裏（the bottom）にチェンジするときに、地元チームのファンが home team のところを球団名に置きかえて、応援歌として歌うのを耳にすることができる。これを the seventh inning stretch と呼ぶ。

　ここで大リーグについて、簡単に整理しておきたい。大リーグは、アメリカとカナダに本拠地を置くプロ野球リーグの最高峰で、ナショナルとアメリカンの2リーグで構成され、下部（Minor League）には、3A、2A、1A、ルーキーリーグがある。ナショナルリーグは1876年に8球団でスタートし、アメリカンリーグは1900年に7球団でスタートした。両リーグともに東・中・西の3地区（Division）に分かれ、3地区の優勝チームと2位チームの中で勝率第1位のチーム（ワイルドカード）を合わせた4チームでプレーオフを行い、トーナメントでリーグ優勝チームを決定する。そのチーム同士でワールドシリーズが戦われる。

　歌詞に出てくる Cracker Jack とは、ポップコーンにキャラメルをからめたようなスナック菓子のことで、今でも球場の売店では最も人気のある食べ物の一つである。日本ではキャラメルコーンがこれに似ている。

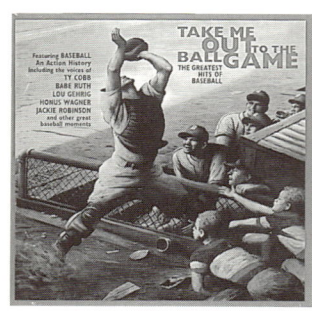

Take Me Out to the Ball Game
SONY SRCS 8406〜7

この曲の使い方

　英語の歌の効用は、極論すれば「歌って気持ちがいい、格好いい、うれしい」等の喜びを生徒に感じさせ、英語に対して親しみを感じさせることにある。従って歌を授業で使うときには、あまり「勉強くさく」なると興冷めになる。音楽の授業で楽譜を読むのに苦痛を感じる生徒もいるかもしれない。楽譜は用いず、身体全体で英語の音とリズムを感じて吸収させたい。

　歌詞の意味を理解した後は、音を固まりで（単語ごとではなく、フレーズごとに）まねさせて、英語の歌の「ノリ」を感じさせたい。その際、細かな発音やメロディーは後回しにして、とにかくビートに合わせて歌詞を乗せることを最優先したい。

　この歌には、以下の「命令文」がくり返し登場するので、中学1年生の授業に最適である。

　　　Take me out to the ball game.
　　　Take me out with the crowd.
　　　Buy me some peanuts and Cracker Jack.

　また、Let me root, . . . for the home team. も併せて扱ってしまうことをおすすめしたい。「使役動詞 ＋ 目的語 ＋ 原形動詞」のように分析すると、高校の学習事項になってしまうが、「〜させて」と頼むときに使う助動詞のようなものとして、please, let's と共に導入すれば十分に理解できる。Let me... は非常によく使う表現なので、プロダクションできるところまで定着させたい事項である。

　また、歌詞を理解させるときには、この歌のキーとなる語句に以下のような説明を加えておきたい。

ball game ＝ baseball game
　ball というだけで baseball を表すのは現在も同じ。アメリカで最初に国民的スポーツとなったのが野球だったからかもしれない。類例としては ball park「球場」がある。

the old
　「古い」というと否定的なイメージを抱きがちだが、ここでは「あの懐かしい」と肯定的にとらえている。類例は good old days「古きよき時代」

Thank You for the Music
words and music by Benny Andersson & Bjorn Ulvaeus

I'm nothing special.
In fact I'm a bit of a bore.
If I tell a joke, you've probably heard it before.
But I have a talent, a wonderful thing.
'Cause everyone listens when I start to sing.
I'm so grateful and proud.
All I want is to sing it out loud.
So I say,

* Thank you for the music, the songs I'm singing.
Thanks for all the joy they're bringing.
Who can live without it?
I ask in all honesty.
What would life be without a song or a dance?
What are we?
So I say thank you for the music, for giving it to me.

Mother says I was a dancer before I could walk.
She says I began to sing long before I could talk.
And I've often wondered "How did it all start?"
Who found out that nothing can capture a heart like a melody can?
Well, whoever it was,
   I'm a fan.
So I say,

* Repeat

I've been so lucky
   I am the girl with golden hair.
I wanna sing it out to everybody.
What a joy! What a life! What a chance!
So I say,

* Repeat

So I say thank you for the music, for giving it to me.

サンキュー・フォー・ザ・ミュージック　　歌：アバ

私には何もとりえなんかないの
ちょっと退屈な人だし
冗談を言ったって　前に聞いたことがあるかもしれないわ
でも私にはある才能があるの　すてきなことよ
だって私が歌い始めると　みんなが聴いてくれるんですもの
私にはとてもうれしいし誇りに思うわ
私の願いは大きな声で歌うことだけ
だから私は言うの

＊音楽をありがとう　今歌っている歌をありがとう
　歌が運んでくる喜びをありがとう
　歌がなかったら生きていけないわ
　もし歌や踊りがなかったら
　人生なんて何の意味があるの
　だから私は言うの　音楽をありがとう

お母さんが言うには　私は歩く前から踊っていたそうよ
話すずっと前から歌っていたって
ずっと考えていることだけど　一体いつからそうなったのかしら
メロディーほど人の心をとらえるものはないわ
　　私は音楽ファンなの
だから私は言うのよ

＊くり返し

私は幸運だわ
　　金色の髪をして
みんなに大きな声で歌を歌いたい
なんて喜び　なんてすばらしい人生　なんてすてきな機会なのかしら
だから私は言うのよ

＊くり返し

だから私は言うの　音楽をありがとう

a bit: 少し／bore: 退屈な人／probably: たぶん／talent: 才能／'cause: =because／grateful: 感謝して／proud: 誇り高い／loud: 大きな声で／joy: 喜び／bring: 持ってくる／honesty: 誠実／wonder: 不思議に思う／capture: とらえる／wanna: =want to

Thank You for the Music

　アバはスウェーデン出身の4人組のグループで、2組の夫婦の名前の頭文字を取ってグループ名としている。グループの男性メンバーで、この曲の作曲者でもあるベニーとビョルンは共に音楽活動を続けていたが、それぞれ出会ったボーカリストの女性と結婚し、以後4人で活動することになった。もともとは4人の名前を連ねただけのグループ名だったが、女性の1人が「いちいち面倒だ」と頭文字だけをつけることを提案し、それがその後のグループ名となったいきさつがある。

　もともとヨーロッパ音楽市場でヒットを飛ばしていたアバは、4枚目の ARRIVAL というアルバムで1977年4月に、とうとう全米制覇を果たした。その曲が Dancing Queen であり、彼らの代表的なヒット作となっている。このアルバムからは Money, Money, Money と Knowing Me, Knowing You の二つのシングルがカットされてヒットチャートを駆け上がった。

　1977年、アバはヨーロッパとオーストラリアへコンサートツアーに出かけ、各地で熱狂的な歓迎を受けた。5枚目のアルバムとしてリリースされたのが ABBA-The Album で、その中に収録されていたのがこの Thank You for the Music である。当時は注目されなかったが、1983年になってイギリスでシングルカットされてチャート33位にランクされた。

　ABBA-The Album 後、ライブ盤を含めて4枚のアルバムを発表し、多くのヒット曲を世に出したが、2組の夫婦の離婚を機に解散への道をたどることになる。

　この歌の内容は単純明快で、歌の素晴らしさを歌い上げている。ところどころ難しい表現もあるが、中学生にも容易に理解できる内容であるから、しっかり意味をつかませたい。現在完了や接触節が多用されているので3年生が適当であろう。

　なお、この原稿を書いている今、テレビドラマの主題歌として二つの曲が使われ、再びアバがブームとなっている。

Gold
ABBA
POLYDOR POCP-2643

この曲の使い方

Thank You for the Music

★使用学年・時期

　初めてこの歌を授業で使ったのは1994年の春だった。当時、改編された『NHKラジオ基礎英語②』の歌の部分を担当していて書いた3番目の歌である。当時3年生になったばかりの生徒に、この曲を聴かせたところ放送と相まって大好評だった。なんと言ってもテーマがいい。明るさ100パーセントで、心の底から大きな声を出して歌える。3年生になって不安な面持ちだった彼らも、この時ばかりは穏やかな顔をしていた。

　その後、この曲を使うのは2年生の1学期（または2学期）にした。使われている言語材料も歌詞の内容も2年生で十分理解できるからである。世の中に恋の歌は多いが、1年生や2年生の1学期ではちょっと使いにくい。彼らの精神的な発達を考慮すると、恋の歌は2年生の後半か3年生で使ったほうが効果的だ。すると1・2年生で使える歌が限られてくる。1・2年生の精神年齢で理解できる歌となると、ますます少なくなってくる。そんなときにこのような歌は有り難い。The Carpenters の Sing や The Beatles の Hello, Goodbye などのレパートリーをそろえておくと便利だ。

★主な言語材料

① 接続詞　if, because, when, before

　　If I tell you a joke,　　**'Cause** everyone listens **when** I start to sing.

　　a dancer **before** I could walk.　　to sing long **before** I could talk.

② 過去形

　　Mother says I **was** a dancer before I **could** walk.

　　She says I **began** to sing long before I **could** talk.

　　How **did** it all start?　　Who **found** out that . . .　　Well, whoever it **was**,

③ 感嘆文（What a + 名詞）

　　What a joy!　　**What a** life!　　**What a** chance!　（簡単に扱う）

★実際の授業での流れ

　準　備：行末の rhyme を利用して cloze test 形式の穴埋めプリントを作成する。プリントには日本語対訳と footnotes、時間が許せば歌手と歌の紹介文を載せる。

1時間目（30分）

　① プリントを配布し、対訳と footnotes を参考に空欄に入るべき語を推測させる。

　② CDをかけて穴埋めをさせ、聞き取れなかったところを友達同士で相談させる。

　③ 2回目を聞かせる。そのとき、教師は slow learners の近くで一緒に歌うと、彼らにも穴埋めがしやすい。

　④ プリントの裏に書いてある答えを使って答え合わせをさせる。

　⑤ 歌詞の解説をする（最近はごく簡単にしている）。

2時間目以降（1曲分の時間）：ウォームアップとして授業の最初に歌う。慣れたらカラオケに切り替える。

7. I Just Called to Say I Love You
words and music by Stevie Wonder

No New Year's Day to celebrate.
No chocolate-covered candy hearts to give away.
No first of spring.
No song to sing.
In fact here's just another ordinary day.

No April rain.
No flowers bloom.
No wedding Saturday within the month of June.
But what it is, is something true,
   made up of these three words that I must say to you.

I just called to say I love you.
I just called to say how much I care.
I just called to say I love you
   and I mean it from the bottom of my heart.

No summer's high.
No warm July.
No harvest moon to light one tender August night.
No autumn breeze.
No falling leaves.
Not even time for birds to fly to southern skies.

No Libra sun.
No Halloween.
No giving thanks to all the Christmas joy you bring.
But what it is, though old so new,
   to fill your heart like no three words could ever do.

I just called to say I love you.
I just called to say how much I care, I do.
I just called to say I love you
   and I mean it from the bottom of my heart.

I just called to say I love you.
I just called to say how much I care, I do.
I just called to say I love you
   and I mean it from the bottom of my heart,
   of my heart, baby, of my heart.

心の愛　　歌：スティービー・ワンダー

みんなで祝うような元旦もなく
チョコレートでくるんだハートのキャンディーもない
春の始まりもなければ
歌う歌もない
ただいつもと変わらない日々があるだけ

4月の雨もなければ
花も咲かない
結婚式のある6月の土曜日もない
でもひとつだけ本当のことがある
　　この三語からなる言葉をきみに言わなければならない

I Love You きみが好きだと言いたくて電話したんだ
どれほどきみのことを思っているか
　　心の底から言いたいんだ

夏の高い気温もなく
暖かい7月もない
やさしい8月の夜を照らす収穫祭の月も
秋の涼しい風も吹かなければ
落ち葉もない
鳥が南の空へ飛ぶひますらない

てんびん座のころの太陽も
ハロウィーンも
楽しいクリスマスに感謝の祈りもない
でも使い古されたようだけど新しい
　　三語できみの心を満たしたい

I Love You きみが好きだと言いたくて電話したんだ
どれほどきみのことを思っているか
　　心の底から言いたいんだ

I Love You きみが好きだと言いたくて電話したんだ
どれほどきみのことを思っているか
　　心の底から言いたいんだ

celebrate: 祝う／in fact: 実は／ordinary: 普通の／within...: …の中に／made up of...: …でできている／care: 気にかける／bottom: 底／harvest: 収穫／tender: やさしい／falling leaves: 落ち葉／southern: 南の／Libra: てんびん座／though...: …だけど／fill: 満たす

I Just Called to Say I Love You

　Stevie Wonder はアメリカの黒人男性歌手。1950年に盲目で生まれたがそのハンデをものともせず、叔父にもらった6穴のハーモニカをはじめ多くの楽器の演奏法をマスターする。1963年彼が12歳のときに Fingertips で全米ナンバーワンを記録し、ミュージックシーンに鮮烈なデビューを果たした。彼は自分のためだけでなく他の歌手にも曲を提供し、自分のアルバムの曲中の楽器をほとんど自分で演奏している。

　その後1973年1月に「迷信（Superstition）」で再び全米ナンバーワンのビッグヒットを飛ばし、全世界的に有名になった。同年5月には You Are the Sunshine of My Life、翌年11月には「悪夢（You Haven't Done Nothing）」、1977年1月には I Wish、同年5月には「恋するデューク（Sir Duke）」、1982年5月には元ビートルズのポール・マッカートニーとのデュオで白人と黒人の融和を歌った名曲 Ebony and Ivory のナンバーワンヒット曲を発表し、現在に至っている。1985年には、今では伝説となったアフリカ救済チャリティーソングである We Are the World にも参加した。最近では日本の缶コーヒーのCMソング Fire も作曲し、そのカバーアルバムが日本人ミュージシャンの手で作られるほど日本でも尊敬されている。

　I Just Called to Say I Love You は、1984年10月13日にビルボード誌チャート、ナンバーワンに輝き、3週連続でトップを維持した。その後、彼が来日したときに彼らしいエピソードがある。彼は一人の少女の依頼に応えて彼女がいる孤児院を訪れた。そこで彼が、多くの孤児たちを前に歌ったのがこの曲だった。彼が多くの持ち歌の中から選んだこの歌の I love you は単なる「恋」ではなく、もっと広い「人間愛」なのではないだろうか。

　この曲は、映画 The Woman in Red の主題歌にも使われ、アカデミー主題歌賞を受賞している。彼はあるインタビューで次のように語っている。「ぼくがアフリカに関心を持ったのは、雑誌でネルソン・マンデラ夫妻のことを読んでからだ。彼は終身刑を宣告されて牢獄に、その妻ビギも自宅軟禁に近い状態。このことに、ぼくは強い憤りを覚える。だから、彼らをヒントにして『心の愛』を作ったのだ。この受賞をいちばん喜んでくれたのは国連アパルトヘイト委員会だった。ぼくがマンデラのことを歌ったと知っていたからね」

The Woman in Red
Stevie Wonder
POLYDOR POCT-1932

この曲の使い方

I Just Called to Say I Love You

★**使用学年・時期**

　これまでこの曲を何度か扱ったことがある。最初は3年生の1学期だった。言語材料的には2年生で扱うほうがいいと思ったのだが、この歌の存在を知ってすぐに授業で使いたいと思った（当時筆者は3年生担当だった）。なぜかというと、この歌にはアメリカの12カ月の年中行事が含まれており、文化の勉強にもなると思ったからである。まだ1993年度版の教科書が使われているころで、この歌が扱われるずっと前のことである。2回目以降は2年生の定番にした。実施時期は教科書によって違うが、to不定詞が出てきたところで、2学期が多い。明るい恋の歌なので男女を意識し始める2年生での導入も無理がない。

★**主な言語材料**

① **to不定詞の形容詞的用法**

　　No New Year's Day **to celebrate.**

　　candy hearts **to give** away.

　　No song **to sing.**

　　birds **to fly** to southern skies.

② **to不定詞の副詞的用法（目的）**

　　I just called **to say** I love you.

★**実際の授業での流れ**

　準　備：Thank You for the Music のときと同じ（p.31）。

1時間目（30分）

① ～ ④ までは基本的に Thank You for the Music のときと同じ。

⑤ 12カ月を表している箇所に下線を引かせる。

⑥ 歌詞の解説をする（最近はごく簡単にしている）。

2時間目以降（1曲分の時間）：ウォームアップとして授業の最初に歌う。慣れたらカラオケに切り替える。

8. Vacation
words and music by Connie Francis, Hank Hunter & Gary Weston

V-A-C-A-T-I-O-N in the summer sun.

Put away the books, we're out of school.
The weather's warm but we'll play it cool.
We're on vacation, havin' lots of fun.
V-A-C-A-T-I-O-N in the summer sun.

We're gonna grab a bite at the pizza stand,
   write love letters in the sand.
We're on vacation and the world is ours.
V-A-C-A-T-I-O-N under summer stars.

Yeah, we'll hop in our jalopy to a drive-in movie
   and never look at the show.
We're gonna hug and kiss just like this and I can't wait to go.

We're gonna mash-potato to a jukebox tune.
I'll park our car 'neath an August moon.
We're on vacation till the start of the fall.

V-A-C-A-T-I-O-N, we're gonna have a ball, go!

V-A-C-A-T-I-O-N, gonna have a ball.

Uh-huh, we'll hop in our jalopy to a drive-in movie
   and never look at the show.
We're gonna hug and kiss just like this and I can't wait to go.

We're gonna mash-potato to a jukebox tune.
I'll park our car 'neath an August moon.
We're on vacation till the start of the fall.

V-A-C-A-T-I-O-N, we're gonna have a ball, yeah!

V-A-C-A-T-I-O-N, we're gonna have a ball.

バケーション　　歌：コニー・フランシス

V-A-C-A-T-I-O-N　夏の太陽の下で

本なんか片づけちゃおう、学校は休みなんだから
外は暑いけど、私たちはクールにいくわ
今は夏休み、楽しいことがいっぱい
夏の太陽の下で　V-A-C-A-T-I-O-N

ピザスタンドでピザを食べて
　　砂にラブレターを書くわ
今は夏休み、世界は私たちのものよ
夏の星の下で　V-A-C-A-T-I-O-N

そうよ、おんぼろ自動車に飛び乗ってドライブイン映画にいくのよ
　　映画は見ないけどね
私たちはこんなふうに抱き合ってキスするの　ああ、待ちきれないわ

私たちはジュークボックスの音楽に合わせて踊るの
8月の月の下に車をとめましょう
秋の始まりまで夏休みは続くわ

V-A-C-A-T-I-O-N　大いに楽しみましょう、さあ！

V-A-C-A-T-I-O-N　楽しくいきましょう

おんぼろ自動車に飛び乗ってドライブイン映画にいくのよ
　　映画は見ないけどね
私たちはこんなふうに抱き合ってキスするの　ああ、待ちきれないわ

私たちはジュークボックスの音楽に合わせて踊るの
8月の月の下に車をとめましょう
秋の始まりまで夏休みは続くわ

V-A-C-A-T-I-O-N　大いに楽しみましょう、さあ！

V-A-C-A-T-I-O-N　楽しくいきましょう

---

put away: 片づける／play it cool: 冷静にふるまう／grab a bite: 軽い食事をとる／pizza stand: 屋台のピザ屋さん／hop in our jalopy: おんぼろ自動車に飛び乗る／drive-in movie: 車で乗り入れ、車の中から見る野外映画／jukebox tune: ジュークボックス（お金を入れて選曲ボタンを押すと、指定した曲が聞ける機械）の曲／'neath...: (=beneath) …の下で／have a ball: 大いに楽しむ

Vacation

　コニー・フランシスは本名を Concetta Rosemarie Franconero といい、1938年12月12日 New Jersey 州 Newark に生まれた。小さいころにアコーディオンを弾き始め、Arthur Godfrey のタレントスカウト・ショー Startime に出演。4年間レギュラーとして毎週出演した。最初は希少価値のあったアコーディオン奏者として出演していたが、のちに彼女のマネージャーになる George Scheck に勧められ、歌に専念するようになった。

　レコードデビューを果たしたのは17歳のとき。デモテープを持って大手レコード会社を歩いたがすべて断られ、やっとのことで MGM Records と契約を結ぶ。そのときの曲が Freddy である。MGMの社長に偶然 Freddy という名前の息子がいて、彼の誕生日のプレゼントとして使ってもらったようだ。

　この曲を含め、最初の2年余りはなかなかヒット曲に恵まれず、ニューヨーク大学医学部の奨学生になったコニーは歌手を続けていくかどうかを考えるようになる。そのとき父親が薦めたのが、往年のヒット曲 Who's Sorry Now である。1920年代の曲を歌うことに抵抗を感じ、しぶしぶ歌ったこの曲がコニーの最初のヒット曲となった。その後、出す曲が次々とヒットし、約10年間トップ女性ボーカリストとして人気を博した。

　コニー・フランシスは語学にも堪能で、さまざまな言語で歌を歌っており、幅広い音楽のジャンルとともに、彼女の世界的な人気を支える要因となった。彼女は4本の映画にも主演している。

　ビートルズが台頭した60年代後半は人気が衰えてしまい、暴行事件に巻き込まれたり、声が出なくなったり、身内が亡くなったりと不幸が続き、そううつ病になった時期があった。それらの困難を乗り越え現在でもステージ活動をしており、CDも次々とリリースされている。

　Vacation は1962年、ビルボードの9位、キャッシュボックスの10位まで上がった曲で、作詞・作曲は Hank Hunter, Gary Weston、そしてコニー自身の3人。日本でも大ヒットし、半年にわたってチャートインし続けた。折しも映画『太陽はひとりぼっち』のテーマ曲が大ヒットしたときで、1位にはなれなかったが、洋楽部門では年間ランキングのトップテンに入った。弘田三枝子の日本語カバーバージョンも大ヒットしたので、オールドファンにはなじみの深い曲である。

The Best of Connie Francis
Connie Francis
POLYDOR POCP-1640

この曲の使い方

Vacation

期末テストが終わり、夏休みが近づいてきたらこの曲。明るくて、ノリがいいので、生徒の心も弾んでくる。

この曲の注目すべきところは、だいたい2行1組で韻を踏んでいるところである。

school – cool　fun – sun　stand – sand　ours（ars と歌っている）– stars
show – go　tune – moon　fall – ball

というふうに、最初から最後まで見事に韻を踏んでいて、なおかつうきうきした乙女心を歌い上げている。授業ではまずここに目を向けさせたい。

歌詞に踏み込んでみると、口語表現が多く、時代的な背景も見逃すことができない要素になっている。drive-in movie (theater) はビデオが普及するまではアメリカにたくさんあった。広大な土地を持つ国ならではの施設であり、実際に行った人や映画で見かけた人もあるのではないだろうか。

今やCDが入っている jukebox に関しては、レコードのEP盤を持っていたら、生徒に見せると喜ぶ。「レコード店」という言葉が消えつつあるのも、話題としては面白い。

もっと面白いのは、pizza stand（テーマパークで見かける西洋風のスタンド）と日本の屋台や売店との比較。What kinds of stands do you see in Japan? などという質問をし、ペアでリストアップさせて発表させたり、感想を言わせたりする。2・3年生には英語で発表させたい。want to, like better, more delicious などが出てくるからである。

この歌がヒットした当時の生活やファッションを紹介したければ、マイケル・J・フォックス主演の映画 Back to the Future がお薦め。

この曲のもう一つの活用法は、聞き取り指導である。歌詞の中には母音で始まる語がいたるところに出てくる。これらは直前の語の語尾につながる場合が多いことを確認させる。次の①と②は生徒も正しく聞き取れるようになってほしい。

① the world is ours は例えば、「ダウアディザーズ」のように聞こえる。
② -n で終わる語の直後に母音で始まる語が来るときは、ナ行の音が出てくる。
　 an August moonは「アノーガストゥムーン」のようになる。
③ -r で終わる語の直後に母音で始まる語が来るときは、ラ行の音が出てくる。
　 we're out は「ウィアラウトゥ」、We're on は「ウィアロン」のように聞こえる。
④ タ行の言葉はアクセントがないときは、ダ行や日本語のラ行に聞こえる。
　 Put away は「プラウェイ」、out of が「アウロヴ」、letters が「レラズ」など。

「英語の歌大好き！」ストーリー　（中学校編）

中学校編①…1年生　「英語の歌との出会い」

　私は中学校に上がるとき、英語にはなぜかあまり期待していなかった。案の定、始まってみると教科書を読んで訳して黒板を写して…つまらない日々の連続で勉強する気も起きず、成績もよいときで5段階の3どまりであった。

　しかしある日、テレビでアメリカの番組を見て私の人生はほぼ決まってしまった。それは4人の若者グループ The Monkees のコメディーであった。アメリカ人なのになぜか流暢な日本語をしゃべる彼らは、歌うときだけ英語だった。それがかっこよかった。「英語で歌が歌えるとかっこいいし、女の子にもモテルかもしれない」。私の英語学習の最初で最強の動機はそれだった。ずっとテレビ放送を見ているうちに居ても立ってもいられなくなった。日ごろ物をねだったりしない私だったが、父親に泣きついて電蓄（簡易型レコード再生装置）を買ってもらった。そして初めて買ったレコードが忘れもしない370円のシングル盤だったのだ。それからというもの、学校から帰ってくると毎日そのレコードを聴いた。文字どおりレコードがすり切れて針が裏側に突き抜けてしまうほど聴きまくった。意味がわからなくては歌っていても仕方がないから辞書を引いて意味も調べた。学校の勉強は何もしないくせに。ある日教科書を読まされた私に友達が目を丸くして言った。「おまえ、いつからそんな発音になったんだよ？」

中学校編②…2年生　「ある英語教師との出会い」

　中学2年生になった私は、クラス替えでそれまでのベテランの先生（よく怒られた）から、大学を出たばかりの若い男性教師（英語）に担任が変わった。当時私の学校には年配の先生が多く若い先生はほとんどいなかったから、みんなとても楽しみにしていた。しかしみんなの期待はすぐに失望へと変わっていったのである。

　その最大の原因は「ちゃんと授業をしない」ということだ。毎日毎日、でかいオープンリールのテープレコーダーを教室に持ち込んでは、ガチャコンガチャコンやりながら英語の歌ばかり聴かせた。教科書はちょっと開くだけ。前の先生のように「説明」してくれたり「黒板にたくさん書いて」くれたりしなかった。そのうちに友達のほとんどは塾に通い始めた。しかし私は逆だった。何しろ「説明を聞く」「黒板を写す」ことが大嫌いだったから、

それらをしない先生というだけで尊敬に値した。英語の歌をやってくれるのはいいのだけれど、唯一の不満は聴かせる歌手が当時私が知っていた「かっこいいバンド」ではなくて、生徒の誰も知らないハリー・ベラフォンテなる人物だったこと。「さらばジャマイカ」などという曲をジャマイカが国の名前であることすら知らない坊主たちに彼は毎日聴かせたのだ。30年後の話になるが、当時悪ガキだったある友人がこう言った。「〇〇〇（あだ名）に教わった英語はぜ〜んぶ忘れたけど、あの歌だけは今でも歌えるんだから不思議だよ」。そうだ！　私も今でも最初から最後までソラで歌えるぞ。

中学校編③…3年生　「将来の夢」

　2年生の3学期に、それまでずっと3だった英語の評定が急に5に上がった。学校では相変わらず歌にしか興味を示さず宿題すらやらない私には、どうして定期テストで90点以上取れるようになったのか不思議だった。しかし、英語の試験はやさしかった。そりゃそうだ。頭にはすでに英語の歌がたくさん入っているのだから、ちょいと単語を入れ替えれば、教科書程度の英語なぞちょちょいのちょいという状態になっていたのだ。

　3年生になり、受験のことを意識し出した私は、学活の進路の時間に将来の夢という題で作文を書くように言われ困った。何もない！　いや、ある。強いてあげれば一つだけある。それは外国の歌を日本に紹介する仕事だったらしてもいいなあということだった。結局、私のこの夢は形を変えて実現することになる。例えば今この原稿を書いているのが何よりの証拠だ。

　一方教科書をあまりやらなかった先生は、最後のほうは数課分の内容をプリントを配っておしまい、という離れ業をやった。おかげで塾に行っていなかった私ややんちゃ坊主どもは、習っていないことを抱えて高校を受験することになった。なんとか合格した日に、当時中1と小4だった妹弟がお祝いにLPを買ってくれた。ずっと前から欲しかったLPで涙が出るほどうれしかった。Creedence Clearwater Revival の Willy and the POORBOYS というアルバム、初めて私が手にしたLPレコードだった。（高校編に続く p.59）

北原 延晃
Nobuaki Kitahara

1955年東京都葛飾区生まれ。東京外国語大学ドイツ語学科卒業。
在学中ESS所属（ドラマ・セクション・チーフ）。
2016年3月現在、東京都港区立赤坂中学校に勤務。
英語指導技術研究会（北研）主宰。

9 Bridge Over Troubled Water
words and music by Paul Simon

When you're weary, feeling small,
   when tears are in your eyes,
   I will dry them all.
I'm on your side.
Oh, when times get rough
   and friends just can't be found,
   like a bridge over troubled water
   I will lay me down.
Like a bridge over troubled water
   I will lay me down.

When you're down and out,
   when you're on the street,
   when evening falls so hard,
   I will comfort you.
I'll take your part.
Oh, when darkness comes
   and pain is all around,
   like a bridge over troubled water
   I will lay me down.
Like a bridge over troubled water
   I will lay me down.

Sail on, silver girl,
   sail on by.
Your time has come to shine.
All your dreams are on their way.
See how they shine.
Oh, if you need a friend,
   I'm sailing right behind.
Like a bridge over troubled water
   I will ease your mind.
Like a bridge over troubled water
   I will ease your mind.

明日に架ける橋　　歌：サイモンとガーファンクル

きみが弱っていて、自分が小さく感じるとき
　　目に涙があふれるとき
　　ぼくがその涙をかわかしてあげよう
ぼくはきみの味方だもの
つらいとき
　　頼る友達も見つからないとき
　　濁流に架かる橋のように
　　ぼくが身を横たえてあげよう
濁流に架かる橋のように
　　ぼくが身を横たえてあげよう

きみがへこたれているとき
　　きみが街角にたたずむとき
　　つらい夜がやってきたとき
　　ぼくがきみをなぐさめてあげよう
ぼくがきみの代わりになろう
そう、暗やみがやってきて
　　苦痛でいっぱいになったら
　　濁流に架かる橋のように
　　ぼくが身を横たえてあげよう
濁流に架かる橋のように
　　ぼくが身を横たえてあげよう

銀色の少女よ、船出をしなさい
　　どこまでも進めておいき
きみの輝くときがやってきたんだよ
きみの夢がすべてかなおうとしている
ごらん、あの輝き
ああ、もしきみが友達を必要とするなら
　　ぼくがすぐきみの後をついていってあげよう
濁流に架かる橋のように
　　ぼくがきみの心をなぐさめてあげよう
濁流に架かる橋のように
　　ぼくがきみの心をなぐさめてあげよう

troubled water: 濁流／get rough: つらくなる／lay me down: 自分を横たえる／down and out: 打ちひしがれて／comfort: なぐさめる／darkness: 暗闇／pain: 痛み／sail on: 船出する／on one's way: 途中で／right behind: すぐ後ろに

Bridge Over Troubled Water

　ロック史上、最も印象深いイントロで始まるこの「明日に架ける橋」は、1969年の夏に作られた。1970年の2月28日付の Billboard で第1位となり、6週間それが続く。そして、この曲はシングル、アルバムと併せて、グラミー賞の6部門を獲得し、歴史に残る名曲となった。

　Paul Simon と Art Garfunkel は、ハイスクール時代に劇『不思議の国のアリス』で出会い、その後2人で曲を書き、トム＆ジェリーという名前でデビューしたが、あまりうまくいかず、その後、失意の2人は別々に活動していた。ポールは大学に行き、そこでキャロル・クラインという女性と出会った。彼女こそ、のちのキャロル・キング（It's Too Late, You've Got a Friend のヒットで有名な女性歌手）だったのである。1963年に活動を再開したポールとアートは、「水曜日の朝、午前3時」を出した。しかし、これもパッとせず、がっかりしたアートは大学へ、ポールはイギリスに渡った。

　互いに才能のある2人は、尊敬と批判の両刃の中で続々とヒット曲を生み出した。歴史的アルバム『明日に架ける橋』は、2人の仲がもう修復できないところまで達している中で作られた。

　例えば、録音のためにスタジオに入るまでは、1番と2番の歌詞だけだった。それがアートの提案によって3番が急遽書き加えられた。ポールは3番が1、2番と合わないと感じていた。しかも、アートはこの曲を自分は歌いたくない、ポールが歌うべきだと言い出した。結局、アートが歌うことになったのだが、この「明日に架ける橋」は、このようなごたごたの中で作られたとは信じられないほどの素晴らしい出来である。ちょうどビートルズが後を追うように、歴史的な名曲「レット・イット・ビー」を残して解散した。歴史に残る偉大な二つのグループとデュオが時期を同じくして解散したのは、興味深いことである。

　ポールの書く詞は、難解な印象を与えがちだが、I Am a Rock, America, The Boxer のように心の内面を書かせたら彼の右に出る者はいない。吟遊詩人と呼ばれ、世界中に多くのファンを持つというのもうなずける。

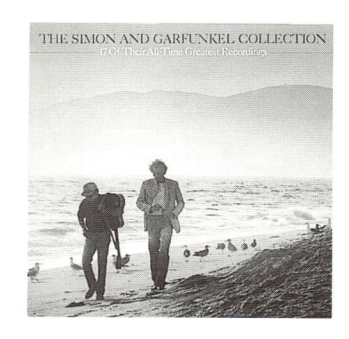

The Simon and Garfunkel Collection
Simon and Garfunkel
SONY 25DP 5137

この曲の使い方

Bridge Over Troubled Water

★使用時期：2年生の2～3学期
★言語材料：未来時制（will）、接続詞の when, like...（…のように）
★この曲の使い方

　この曲は、ただ歌わせるだけだと「静かな曲だ」「暗い曲だ」という感想しか出てこないことがあり、もったいない。そこで、「読み取り」か「全訳」をさせたい。
「読み取り」なら、次のようなところがよい。

① I will dry them all. の them とは何ですか。（ tears ）
② それぞれ次の部分と対応しているところはどこですか。

　　・I will dry them all.　　　　　　　　　　（ I will comfort you. ）
　　・When your weary,　　　　　　　　　　（ When you're down and out, ）
　　・I'm on your side.　　　　　　　　　　　（ I'll take your part. ）
　　・when times get rough　　　　　　　　　（ when darkness comes ）
　　・and friends just can't be found,　　　　　（ and pain is all around, ）

③ All your dreams are on their way. の their とは何ですか。
　　　　　　　　　　　　　　　　　　　　　　　　（ all your dreams ）
④ bridge と troubled water は何を表していますか。　　（ 自分、困難 ）
⑤ 第1・2スタンザと第3スタンザを比較して、どんな違いに気づきますか。
　　（第1スタンザと第2スタンザは bad times のことを表現している。それに対し第3スタンザでは、good times のことを表している）

「全訳」では、「詩人になったつもりで訳してごらん」と呼びかける。
　難しい単語は板書するか、プリントにまとめて書いてやり、自分の思うとおりに訳させる。筆者の場合は思い切って1時間与えている。机間指導をしながら、うまい訳は随時みんなの前で褒める。最後の5分間は、互いの作品（訳）を交換し合い、うまいなと思った部分に下線を引き合う。何人かと交換して十分に高まったところで席に戻し、消しゴムを使わずに修正するように言う。気に入らない部分を線で消して、新しい訳を書き加える生徒たちに、部分的にでもきらりと光る訳をしているものがあれば、その部分を紹介する。最後に、プロの訳詞家の訳を見せる。食い入るように読み返す生徒たち。教師の言葉はいらない。
　全文を訳したときから、この曲は生徒たちにとって思い入れの深い曲になる。

10. Take Me Home, Country Roads
words and music by Bill Danoff, Taffy Nivert & John Denver

Almost heaven, West Virginia.
Blue Ridge Mountains, Shenandoah River.
Life is old there, older than the trees,
   younger than the mountains, growin' like a breeze.

Country roads, take me home to the place I belong,
   West Virginia, mountain mama.
Take me home, country roads.

All my memories gather 'round her.
Miner's lady, stranger to blue water.
Dark and dusty, painted on the sky.
Misty taste of moonshine, teardrop in my eye.

Country roads, take me home to the place I belong,
   West Virginia, mountain mama.
Take me home, country roads.

I hear her voice, in the mornin' hour she calls me.
The radio reminds me of my home far away.
Drivin' down the road I get a feelin'
   that I should have been home yesterday, yesterday.

Country roads, take me home to the place I belong,
   West Virginia, mountain mama.
Take me home, country roads.
Take me home, country roads.
Take me home, country roads.

カントリー・ロード（故郷へ帰りたい）　　歌：ジョン・デンバー

ほとんど天国のようなところだよ、ウエスト・バージニアは
ブルー・リッジ山脈があり、シェナンドー川が流れている
人々の暮らしは、山の木々よりも古く（長く）
　　山々よりも若い（短い）　そよ風のように（ゆっくりやさしく）育まれている

故郷へと続く道よ、ぼくを連れ帰っておくれ　ぼくのいるべきあの場所へ
　　ウエスト・バージニア、母なる山河
ぼくを早く連れていっておくれ、故郷へ続く道よ

思い出すのは、みな彼女（ウエスト・バージニア）のことばかり
炭坑夫の妻（ウエスト・バージニア）は海など知らない
ぼんやりと、ちりに埋もれて、ぼくの前に姿を現す
あのムーン・シャイン（自家製の密造ウイスキー）の淡い味がなつかしい
　　思わず涙がにじんでくる

故郷へと続く道よ、ぼくを連れ帰っておくれ　ぼくのいるべきあの場所へ
　　ウエスト・バージニア、母なる山河
ぼくを早く連れていっておくれ、故郷へ続く道よ

　（ぼくを呼ぶ）彼女の声が聞こえる　朝早く、彼女が遠くからぼくを呼んでいる
地元ラジオ局の放送が聞こえてくると、遠く離れたわが家を思い出す
故郷へ続く道を車を走らせながら思う
　　もっと早く帰ればよかったと

故郷へと続く道よ、ぼくを連れ帰っておくれ　ぼくのいるべきあの場所へ
　　ウエスト・バージニア、母なる山河
ぼくを早く連れていっておくれ、故郷へ続く道よ
ぼくを早く連れていっておくれ、故郷へ続く道よ
ぼくを早く連れていっておくれ、故郷へ続く道よ

almost heaven: 天国のようなところ／like a breeze: そよ風のように／to the place I belong: ぼくのいたところ／gather' round her: 彼女のまわりに集まる (her ＝ West Virginia)／miner's lady: 炭鉱夫の妻／stranger to blue water: 青い海を知らない／dark and dusty: 暗くてほこりっぽい／misty taste of moonshine: 忘れかけた密造酒（月明かりの下でつくった）の味／remind a person of …: 人に…を思い出させる

Take Me Home, Country Roads

　この「カントリー・ロード（Take Me Home, Country Roads）」は多くの歌手によってカバーされているが、もともとは John Denver（ジョン・デンバー）によって歌われたものである。彼はシンガー・ソングライターなので、つい彼が書いたように思ってしまうのだが、実はこの曲は他の人が書いている。しかも、ジョン・デンバーの故郷はウエスト・バージニアではない。

　この曲は、Bill Danoff と Taffy Nivert によって書かれた。彼らもウエスト・バージニアで生まれたわけではなく、メリーランド州を旅している間にこの曲ができた。Danoff が、友人からウエスト・バージニアの絵はがきをもらった際に、その美しさを褒めちぎっていたことがきっかけだった。つまり、故郷を思い出すときに今や必ず使われるであろうこの名曲は、実際には行ったこともない人間によって書かれているということである。

　ちなみに、ウエスト・バージニアは東海岸の中央に位置し、素晴らしい自然美で有名で Mountain State というニック・ネームを持っている。州内に大きな都市はなく、多くの州民は田舎に住んでいる。日本だけでなく、アメリカでも都会から地方へ引っ越すという人が増えているが、この曲を聞くとその気持ちがかき立てられるのであろう。

　ジョン・デンバー（本名、ヘンリー・ジョン・デューチエンドルフ・ジュニア）は、ニューメキシコ州で生まれた。大学時代、フォーク・ミュージッククラブの仕事をしていたときに、名前を自分の好きな都市（デンバー）の名に変えた。彼はソングライターとしても有名で、太陽を背に受けて（Sunshine on My Shoulders）」や PPM が歌って大ヒットさせた「悲しみのジェット・プレーン（Leaving on a Jet Plane）」や Rocky Mountain High、そして「緑の風のアニー」などが代表作としてあげられる。

　この曲がヒットした1971年から1972年にかけては、キャロル・キングの It's Too Late、ジェームス・テイラーの「君の友達（You've Got a Friend）」、ギルバート・オサリバンの Alone Again、ドン・マクリーンの American Pie など、今もラジオ番組に常連として登場する名曲が立て続けに生まれた。

John Denver Best
John Denver
BMGファンハウス BVCP-2617

この曲の使い方

★使用時期：2年生3学期　（読み取りなら、3年生1学期または2学期）
★言語材料：比較級

　やや難解な部分があり、読み取りだけで勝負するにはつらいかもしれない。
　2年生なら「比較級を見つけて下線を引きなさい」とか「比較級の部分はどういう意味だろう」と問いかけることができるだろう。
　筆者のお薦めは、ずばりアメリカの地図で実際に場所を探させるという活動である。この歌には、ウエスト・バージニア州だけでなく、ブルー・リッジ山脈やシェナンドー川という具体名も出てくる。
　まず最初に歌詞を配ってから、こう尋ねる。
　「Country roads, take me home ってどういうことだろう。主人公は一体何をしようとしているのかな。ちょっと読んで考えてごらん。辞書を使ってもいいよ」
　15分から20分ぐらい時間を与える。時間がきたら尋ねてみる。生徒たちからは「故郷に帰ろうとしているのではないですか」とか「車を運転しているんじゃないの」という意見が出てくる。そこで極めつけの質問をする。
　「そうですね。では質問です。今、主人公はどこにいるのでしょう。アメリカの地図を印刷してきましたから、もう一回よく読んで、ここだと思うところに消しゴムを置きなさい。時間は10分です」
　彼らは、消しゴムを何度も置いたり、動かしたりしている。
　「さあ、それではみんなで確認していってみよう」
　最初の Almost heaven から訳していく。もちろん、Miner's lady や stranger to blue water がどんな意味なのか、moonshine が密造酒であることなどの解説も必要になってくる。読み取りというのは、背景の文化についても理解を深めることができるところが魅力だ。生徒たちは、教師の解説にイメージをどんどんふくらませていく。
　途中まで説明したら「どう？　だんだんわかってきたら、消しゴムを動かしてもいいよ」と言ってにっこりする。書き込むのではなく、消しゴムにした理由がこれでおわかりいただけただろうか。

Take Me Home, Country Roads

11. Help!
words and music by John Lennon & Paul McCartney

Help! I need somebody.
Help! Not just anybody.
Help! You know I need someone.
Help!

When I was younger, so much younger than today,
   I never needed anybody's help in any way.
But now these days are gone, I'm not so self-assured.
Now I find I've changed my mind, I've opened up the doors.
Help me if you can, I'm feeling down.
And I do appreciate you being round.
Help me get my feet back on the ground.
Won't you please, please help me?

And now my life has changed in oh so many ways.
My independence seems to vanish in the haze.
But every now and then I feel so insecure.
I know that I just need you like I've never done before.
Help me if you can, I'm feeling down.
And I do appreciate you being round.
Help me get my feet back on the ground.
Won't you please, please help me?

Help me, help me!

ヘルプ　　歌：ビートルズ

　　Help!の叫びと共に始まるこの有名な曲は一度聞いたら忘れられない程の衝撃力を持っている。
　　なぜ助けが必要なのだろうか。歌詞の中に、過去と現在の自分がいる。
　　When I was younger, so much younger than today,（今よりもずうっと若いころ）
　　And now my life has changed in oh so many ways.（そして今、ぼくの人生はすっかり変わってしまった）
　　「少年のころの自分」はだれかの助けなんていらなかった（I never needed anybody's help）。「今の自分」は自信が持てなくて（not so self-assured）、落ち込んでいる（I'm feeling down）。
　　この変わり様は一体なんだろうか。
　　「ビートルズのことがいろいろとわからなくなってたんだ」とジョンは振り返って言う。自分の信じていたもの―自分のよりどころが、ぐらついたとき、人は助けを求める。ビートルズもその例外ではなかったのだろうか。

歌うときのポイント

　　アップテンポの軽快なリズムに乗せて、この曲が歌えるようになったら英語の歌「上級者」の称号にふさわしい。「上級者」になるための歌い方をhelpする。
　　やや難しいところは、

① I never needed anybody's help in any way.
　　　　　　　　　　　　　　　※をリズミカルに強く歌う。
　「アイネヴァニーディドゥ　エニーバディズ　ヘルプイネニーウェイ」

② My independence seems to vanish in the haze.
　「マイ　インディペンデンスィームストゥ　ヴァニシュ　イン　ダ　ヘイズ」
　そして最難関は、

③ Now I find I've changed my mind, I've opened up the doors.
　「ナワイファインダイゥ　チェインジド　マイ　マインド・・・」

④ I know that I just need you like I've never done before.
　「アイノウダライ　ジャストニージュライク　アイヴネヴァーダンビフォー」
　これで、「上級者」だ。

＊ビートルズ楽曲は著作権者の意向により、和訳を掲載できません。ご了承ください。

---

you know...: …をきみは知っているね／when..., ～: …で、～のとき／I'm not so self-assured.: 自分にそれほど自信が持てない／I've opened up the doors.: 心の扉を開けた／get my feet back: 立ち直る／feel insecure: 不安を感じる

Help!

　The Beatles は、20世紀最高のロックバンドであり、音楽家としてその名が歴史に刻まれている。21世紀になってもその音楽の斬新さと完璧さは輝きを失うことはなく、ずっと語り続けられていくアーティストである。イギリス、リバプール生まれの4人の若者、John Lennon, Paul McCartney, George Harrison, Ringo Starr からなる The Beatles は、1960年に結成され、1970年に解散するまで、実に全世界をあっと言わせるほどの衝撃を与えた。彼らの音楽がアメリカやイギリスのヒットチャートを独占したり、彼らの発言やメッセージ、そしてライフスタイル（長髪等）が若者の風俗や文化に多大な影響を与えた。また、世界に向けての宇宙中継番組『愛こそはすべて』に出演、MBE勲章騒動、キリスト発言、インド行き等、世界を驚かせるようなこともたくさん行った。

　1965年前半、ジョンはビートルズの大成功ですべてが順調に進んでいた時期に、何かに矛盾を感じ始めた。ビートルズの人気が高まると同時にコンサートは巨大化し、会場は叫び声や悲鳴などの熱気のあまり、彼らの演奏さえ聞き取れないという状況が続いた。ビートルズを取り巻く環境が変わり、彼らの自由も束縛されるようになった。ジョンは言った。「ぼくはあの曲で本当に助けを求めて叫んでいたんだ」。その曲がこの Help!（ヘルプ）である。

　軽快なリズムと、ポールとジョージのコーラスにのせて、ジョンのリードボーカルがメインの非常にポップな曲のように感じる。しかし、歌い出しが Help! という叫びで始まることからもわかるように、この曲は深刻なメッセージを持っている。

　人生は楽しいことばかりじゃない。どうしようもなく悩んだとき、困ったとき、苦しいとき、つらいとき、この Help! を聞いて、思い切り歌って自分の感情を吐露するのもスカッとして気持ちがいいものである。

The Beatles 1
The Beatles
東芝EMI TOCP-65600

この曲の使い方

Help!

★歌の使用学年：3年生
★使用時期：現在完了を学ぶ前後
★主な言語材料
　① 現在完了（完了）
　　　Now I find I**'ve changed** my mind, I**'ve opened** up the doors.
　　　And now my life **has changed** in oh so many ways.
　　　I**'ve never done** before.
　② 接続詞　when, if
　　　When I was younger, so much younger than today,
　　　Help me **if** you can, I'm feeling down.
　③ 複文（主節＋名詞節）
　　　You know I need someone.
　④ 命令文
　　　Help!
★アドバイス

　衝撃的な Help! で始まるこの曲は、まず生徒に聴かせることから始めたい。その後で、「どんな感じがした？」「テンポは？」「印象に残った言葉は？」などの質問をしてみるとよい。

　埼玉県大宮新都心にあるジョン・レノン・ミュージアムを訪れると、そこにはジョン手書きのHelp! の草稿が飾られている。驚くべきことにジョンの脳裏に浮かんだオリジナルの Help!は歌詞の順序が違っている。そこで、ワークシートを配布し、聴きながらオリジナルのワークシートをはさみで切らせて、現在の Help! の歌詞どおりに並べかえさせる活動を取り入れたい。

12. I Need to Be in Love

words and music by John Bettis, Richard E. Carpenter & Albert Hammond

The hardest thing I've ever done is keep believing
   there's someone in this crazy world for me.
The way that people come and go through temporary lives.
My chance could come and I might never know.

I used to say "No promises. Let's keep it simple."
But freedom only helps you say goodbye.
It took a while for me to learn that nothin' comes for free.
The price I've paid is high enough for me.

* I know I need to be in love.
I know I've wasted too much time.
I know I ask perfection of a quite imperfect world.
And fool enough to think that's what I'll find.

So here I am with pockets full of good intentions.
But none of them will comfort me tonight.
I'm wide awake at four a.m. without a friend in sight.
Hanging on a hope but I'm all right.

* Repeat twice

青春の輝き　　歌：カーペンターズ

今までやってきたことの中でいちばん難しかったのは　信じ続けること
　　この狂った世界のどこかに私を愛してくれる人がきっといると
かりそめの世の中に生きる人々が行ったり来たりするように
私にもチャンスが来るかもしれないし　わからないかもしれない

私はよく言ったわ「約束なんかいやよ、あっさりとした関係でいましょうよ」なんて
でも自由な関係はあなたがサヨナラと言うのを助けただけ
ただでは何もやってこないとわかるまで　しばらく時間がかかったわ
私が支払った代償は十分高いものだった

*わかってる　私は恋に落ちている必要があるって
　わかってる　時間を無駄にしすぎてきたこと
　わかってる　私がとても不完全な世の中で完全な愛を求めているって
　そして愚かにもそれこそ私が見つけるものだって思っているの

私のポケットにはたくさんの夢や望みがあるけれど
今夜はそのどれ一つも私をなぐさめてくれない
朝の4時だというのに目がさえていて　目の前には友達もいない
希望にすがりついているけど　私は大丈夫よ

*くり返し（2回）

---

temporary: 一時的な、はかない／could: 可能性がある／might: かもしれない／used to...: よく…したものだ／freedom: 自由／a while: しばらくの間／for free: 無料で、無償で／perfection: 完全、完ぺき／imperfect: 不完全な／what I'll find: 私が見つけるもの／pockets full of...: ポケットいっぱいの…／intention: 意図、決意／comfort: なぐさめる、励ます／wide awake: 目がばっちり覚めている／in sight: 見えている

I Need to Be in Love

　カーペンターズは1969年デビュー。「遙かなる影（They Long to Be) Close to You」が1970年に連続6週間全米第1位になり、グラミー賞を2部門獲得する。その後、次々とヒット曲を飛ばしていくわけだが、1976年に発表されたアルバム A Kind of Hush に収められた「青春の輝き（I Need to Be in Love）」は、カーペンターズが最盛期を過ぎ、音楽面でも私生活面でも陰りが出てきた時期の曲である。

　カレン・カーペンターの兄、リチャードによれば、カーペンターズとしてレコーディングした曲の中でカレンがいちばん好きだったのが、この I Need to Be in Love である。作詞・作曲は Richard E. Carpenter と John Bettis、そして「カリフォルニアの青い空」や「落葉のコンチェルト」などで有名な Albert Hammond である。全米で最高25位にとどまったが、もっとチャートを上げるだろうと関係者が皆期待した曲であった。

　メロディーは美しく明るいが、やや複雑で、心の揺れ動きがあったのかもしれないと考えさせられる。この後カレンは拒食症に苦しみ、リチャードは睡眠薬を常習的に服用するようになり、華やかな舞台からは想像できない苦しみを味わうことになる。そして1983年2月4日、1年間の結婚生活に破綻し、離婚届に署名する直前にカレンは急死した。原因は拒食症治療薬の影響による心不全。32歳であった。

　カーペンターズの絶頂期は1970～1973年ごろであるが、次々とヒット曲を生み出した時期よりも、その後のほうが味わい深い曲が多いという人もいる。歌詞に含みがあるうえ、カレンの持ち味である、アルトの音域にますます磨きがかかり、しっとりと歌いあげる曲が多くなる。Top of the World で喜びに満ちたカーペンターズと、I Need to Be in Love での寂しさとけなげさを味わわせた後、だれかにすがりたい、頼りたい、愛したい、愛されたいという気持ちを切々と歌う後期の曲を聴かせ、カーペンターズが苦しんでいた事実などを伝えると、生徒は衝撃を受ける。あれほど明るくて楽しい数々の曲が、急に重みを持ってくるのである。

　いずれにしても、その当時の曲は今でも愛されているものが多く、コマーシャルやドラマの主題歌に使われることもよくある。いいものは何年たってもいいのである。

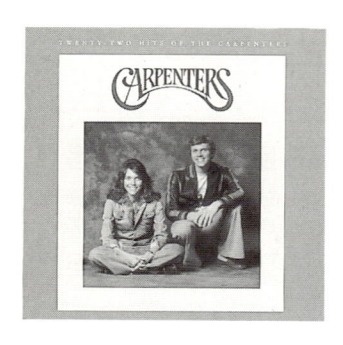

Twenty-two Hits of the Carpenters
The Carpenters
POLYDOR POCM-1540

この曲の使い方

I Need to Be in Love

　この曲には中学3年生の文法事項がぎっしり詰まっていて、2学期か3学期ごろに何度も歌わせて、歌詞を暗記させるところまでもっていきたい。

　まず、1行目。The hardest thing I've ever done is keep believing は目的格の関係代名詞 that が省略されたものであり、最上級と現在完了（経験）が含まれている。この部分を理解した後で、「私のギネスブック」という活動に発展させることができる。食べ物・レストラン・映画・テレビ・スポーツ部門などに関して、「今まで〜した、いちばん…な―」を作文させる。例えば、*Ohtoro* is the best food（that）I have ever eaten. But it's too expensive and I have eaten *ohtoro* just once. などと続けさせると、発展的な活動になる（Talk and Talk 3 正進社刊）。

　第2スタンザには keep it simple, helps you say goodbye という〈S+V+O+C〉の文型が現れる。特に〈help+人+動詞の原形〉は生徒の自己表現活動で頻出する表現であるので、〈help+人+with+仕事〉と比較させながらマスターさせたい。また、〈It takes+時間+to 〜〉、複文、The price I've paid という現在完了を含む接触節、high enough のような〈形容詞 + enough〉などを抜き出して、応用練習問題を作ってやるとよい。

　くり返しの部分は〈I know+文〉の連続であり、また最後の文は〈形容詞+enough to 〜〉や間接疑問文なども含まれているので、ぜひ意味をわからせたうえで覚えさせたい。〈形容詞+enough to 〜〉に関しては、「私の十分、不十分」という活動がある。I am（　）enough to 〜. / I am not（　）enough to 〜. という作文をさせるのである。もちろん、1文で終わらず、プラス*α*の文をつけさせていくとよい。

　最終スタンザでは、〈none of+複数名詞〉を紹介したい。one of, some of, many of, all of などはよく使われる表現だが、意外に消化しきれていない。この機会に none of と併せてぜひマスターさせておきたい。

　なお、読解練習としてこの歌詞を日本語訳させるときは、インターネットの「エキサイト翻訳（http://www.excite.co.jp/world/text/）」というサイトで訳したものを生徒に見せるとおもしろい。歌詞を機械に翻訳させると、よくトンチンカンな訳が出てくるので、「歌の奥に潜む人間の心の動きやその深さは、人間でないとわからないのだ」とけしかけると、生徒は燃える。

いやぁ　歌って本当にいいですねぇ

　学生時代、英語の歌に興味があった、英語の歌がきっかけで英語が好きになった、英語の歌をさかんに覚えて歌った、などという経験をお持ちの先生は少なくないと思います。ある文型を教えるとき、英語の歌詞が浮かんでくることがあるという先生もいらっしゃるでしょう。それなのに、「教科書を終えないといけないから歌を聴かせる時間がない」、「聴かせるだけで終わってしまい、効果があるのかわからない」などと言って、英語の歌を使わない先生方も多いようです。

　生徒は「何かを知りたい」、「何かできるようになりたい」という願望を持っており、特に興味を引かれたものや、それができることによってプラスになることがあると知ると、がぜんやる気を出してきます。歌にはそんな生徒の心をつかむ魅力があります。

　歌を選定するときには、いくつかの観点が必要です。
① 教科書の内容に関連していること（戦争と平和、人間愛、家族愛など）
② 生徒に読解させたくなるような歌詞であること
③ 目標文法事項が頻出する、あるいはコーラスの部分に含まれていること
④ 聞き取りの教材としてタイムリーであること

　このような観点から曲を選ぶと、生徒は、歌詞の意味を考えることが読解力をつけ、一緒に歌ったり歌詞を覚えたりすることが読解や作文の基礎となりうることを知るようになります。さらに、その歌に関連した入試問題をピックアウトしたプリントなどを配れば、生徒は歌の威力を認めます。

　いずれにしても、まず先生がその歌を好きであることが条件です。教師の仕事の一つに、「自分が感動したことを生徒に伝える」ということがあると思います。自分の感動を忘れて、感動のない授業をしているようではつまらないですよね。

　うれしかったこと、楽しかったこと、感激したこと、悔しかったこと、悲しかったこと、つらかったことを生徒に提示し、そして一人ひとりに考えさせるということは、どの先生でもしておられるでしょう。自分の好きな英語の歌を思い起こしてみると、そのような気持ちを喚起することができるものがあるはずです。それらは、ときとして教師がふだん使っている教材よりも優秀な場合もあります。

　この本で取り上げた曲以外にも、素晴らしい曲はたくさんあります。先生方と、「この時期にはこの曲だ！」と熱い討論をできる日を待っています。もちろんカラオケで歌いながら。

田尻 悟郎
Goro Tajiri

1958年島根県松江市生まれ。島根大学教育学部中学校教員養成課程英語科卒業。
神戸市の公立中学校2校と島根の公立中学校5校に26年間勤務し、現在は関西大学外国語学部教授。
いかにして生徒の頭と心を動かすかについて研究し、そのための教材作りを行うかたわら、後進の指導にあたっている。

Photo by Hisashi Urashima

(p.41より続く)「英語の歌大好き!」ストーリー　（高校編）

高校編①…When I Was Young, I'd Listen to the Radio Waitin' for My Favorite Songs.

　英語の歌は相変わらずずっと聴いていた。のみならず、趣味が高じてラジオのFEN（当時「進駐軍放送」と呼ばれていた）でアメリカでヒットしている歌をいち早く知ることに生きがいを感じていた。Billboard や Cashbox といった音楽誌の向こうを張って独自のヒットチャートを作ったりもした。カーペンターズの Yesterday Once More の冒頭に When I was young, I'd listen to the radio waitin' for my favorite songs. とあるが、当時の私はまさにその詞そのままだった。友達から譲ってもらったおんぼろラジオから流れるFEN放送のスピーカーのところに当てた、オープンリールテープレコーダーのマイクを握りしめていた。Waitin' for my favorite songs...

高校編②…Those Were Such Happy Times and Not Long Ago.

　当時LPは2,000円もした。高校生の小遣いでは数カ月に1枚買うのがやっとだった。ラジオから録音できるにしても歌詞カードがない。そこで思いついたのが次の方法である。

① まずラジオの前にスタンバイして希望の曲が流れるのをじっと待ち、テープに録音する。
② テープを何度も聞いて歌詞を dictation する。
③ どうしても聞き取れない部分は当時私の住む町に3軒あったレコード店へ行き、「買う前にちょっとジャケットを見ようかなあ」というふりをしながらジャケットを開けて中の歌詞カードを取り出す。ひたすら覚える。走って家に帰り覚えた部分を書く。
④ 途中で転んだり、犬にほえられたりして忘れてしまった部分については2軒目のレコード店で確認する。3軒目から家に帰ったあたりでようやく1曲が完成する。
⑤ 辞書を使って意味をつかみ、あとはマネをして歌うだけ。

　こうして覚えた歌は忘れないものだ。この勉強法のおかげで、私は「出る単」や「出る熟」をやらずに大学に合格してしまった。合格したことを担任の先生（英語）に伝えるために書いた手紙の中で私は最後にこう書いた。「高校時代に英語を聞いたり話したりすることをやりたかった。大学でやります……」（大学・教師編に続く p.94）

Yesterday Once More
words and music by the Richard E. Carpenter & John Bettis

When I was young, I'd listen to the radio
    waitin' for my favorite songs.
When they played, I'd sing along.
It made me smile.

Those were such happy times and not so long ago.
How I wondered where they'd gone!
But they're back again just like a long lost friend.
All the songs I loved so well.

* Every sha-la-la-la every woah-woah still shines.
  Every shing-a-ling-a-ling that they're startin' to sing so fine.

When they get to the part where he's breakin' her heart,
    it can really make me cry
    just like before.
It's yesterday once more.

Lookin' back on how it was in years gone by
    and the good times that I had
    makes today seem rather sad.
So much has changed.

It was songs of love that I would sing to then.
And I'd memorize each word.
Those old melodies still sound so good to me
    as they melt the years away.

* Repeat

All my best memories come back clearly to me.
Some can even make me cry just like before.
It's yesterday once more.

* Repeat

イエスタデイ・ワンス・モア　　歌：カーペンターズ

若いころ、よくラジオを聴いたものだわ
　　好きな歌が流れてくるのを待ちながら
歌がかかると一緒に口ずさんだわ
そんなときとってもうれしかったの

あのころは楽しい時代だったわ　でも今からそんな昔の話でもないのよ
あの歌は一体どこへいってしまったの
でも今それがよみがえるの　ずっと昔の友達に巡り会えたように
大好きだったあの歌の数々

＊歌詞のシャララやウォーウォーは　今でも輝いているわ
　シンガリンガリンって歌い始めると　とってもゴキゲンなの

歌詞が女の子がふられる場面にくると
　　本当に悲しくなるわ
　　ちょうど昔のように
あの日に帰りたい

過ぎ去った年月を振り返ってみて
　　楽しかったころを思うと
　　今がちょっぴり悲しく思えるの
いろいろなことが変わったわ

あのころ私が口ずさんだ歌は愛の歌ばかりだったわ
歌詞の一つひとつを覚えたの
昔のメロディーは今でも心地よく響くわ
　　まるで凍りついた年月を溶かすみたいに

＊くり返し

私のよき思い出が　今はっきりと私のもとに帰ってくるの
中には悲しい思い出もあったけれど　ちょうどあのころのように
あの日に帰りたい

＊くり返し

I'd: (=I would) よく～したものだ／made me smile: 私をほほえませました／the part where...: …の部分／he: 男の子が／her: 女の子の／make(s) today seem...: 今日を…のように思わせる／rather: ちょっと／memorize: 暗記する／melt: 溶かす／clearly: はっきりと

Yesterday Once More

　この歌を歌っているカーペンターズは、リチャードとカレンの兄妹デュオである。3歳半年上の兄リチャードは高校時代にはマーチングバンドに所属していた。妹カレンは高校に入学すると、そのバンドに入りたがってドラムの練習を始めた。最初のシングルはビートルズの Ticket to Ride のカバーだったが、のちに彼らの多くの曲を書くことになるバート・バカラックがそれを聞いてメジャーデビューすることになった。最初の全米ナンバーワンヒットは1970年6月の「遙かなる影（They Long to Be）Close to You」で、4週連続トップを保った。この曲は日本でもヒットし、2人の歌う美しい旋律は多くの人に愛され、その後発表するレコードはことごとくヒットすることになった。全米ナンバーワン・ヒットに輝いたのは、ほかに1973年12月の Top of the World、1975年1月の Please Mr. Postman（ビートルズのカバー）である。しかし、妹のカレンは1983年2月、拒食症で急死してしまったのである。32歳という若さであった。

　最後に授業で使えるカーペンターズのヒット曲を紹介する。どれも名曲として名高いうえに、詞の内容が大変素晴らしい。カレンの発音が聞き取りやすいこともあるので Yesterday Once More に限らずぜひ授業で使ってほしい。

☆Sing
　『セサミストリート』で有名なこの曲は歌うことの素晴らしさを明るく歌い上げている。バックコーラスの子どもたちの声がかわいい。1年生1学期の最初に導入したい。

☆Top of the World
　恋の素晴らしさを歌った歌。テンポがよく、英語のリズムをつかむのに絶好の曲である。2年生後半向き。

☆We've Only Just Begun（愛のプレリュード）
　結婚したばかりでこれから2人で人生を歩んでいこう、という内容の歌。詞の内容と現在完了で、3年生の1学期に最適。

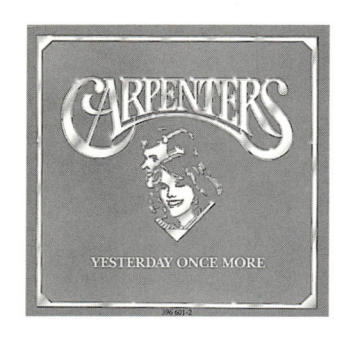

Yesterday Once More
The Carpenters
A&M 396 601-2

この曲の使い方

Yesterday Once More

　この歌も長い間授業で使い続けてきた。おそらくいちばん多く、長く使われている歌ではないかと思う。初めのころは3年生の卒業間近、最後の授業で使ったものだ。過ぎ去ろうとしている3年間を振り返るには絶好の歌である。歌詞の内容を解説していると必ず涙ぐむ生徒がどのクラスにも数名いたものだ。筆者から生徒へのメッセージは、「大人になっていつかどこかで授業でやった英語の歌を耳にしたら、中学生時代を思い出してほしい」ということだ。人生の中でいちばん多感でいちばん苦い思い出が詰まった3年間と、友達と校舎、先生、そのころのにおいのすべてを思い出してほしい。筆者が授業で歌を使う最大の理由の一つはこれである。この歌はそんな筆者のメッセージを端的に表しているのである。

　しかし近年、筆者はこの歌を2年生で導入している。理由の一つは、どこの学校でも吹奏楽部が演奏して生徒にもなじみがある歌になってきたからである。時期はやはり節目がふさわしい。すると3学期になる。「受験生」になる3学年を前にして、これまでの英語学習を振り返らせてみたい。「こんなにできない」という発想から抜け出て「（1年生の1学期に比べ）こんなにできるようになった」という事実に目を向けさせ、自信を取り戻してやることが大事だ。

★主な言語材料

① **接続詞 when, as**

　When I was young,

　When they played,

　When they get to the part

　as they melt the years away.

② **make someone/something ＋原形不定詞**

　It **made me smile**.

　it can really **make me cry**

　makes today seem rather sad.

　Some can even **make me cry**

　＊学習指導要領外なので軽く扱う

　その他、関係代名詞、現在完了など3年生で学習すると思われる内容も散見されるが、ワークシートの該当箇所に下線を引いておくなどして、「これは3年になったら習うからそのときにまたこのワークシートを見てね」と言っておこう。意味もわからず覚えた歌の意味が、後になってわかることはよくあることである。英語学習でも、未習の文法事項を学習する前に、すでにいくつか歌の歌詞から例文が頭に入っていれば、理解が進むことは間違いない。

14. Top of the World
words and music by Richard E. Carpenter & John Bettis

Such a feelin's comin' over me.
There is wonder in most everything I see.
Not a cloud in the sky.
Got the sun in my eyes.
And I won't be surprised if it's a dream.

Everything I want the world to be
   is now coming true especially for me.
And the reason is clear.
It's because you are here.
You're the nearest thing to heaven that I've seen.

* I'm on the top of the world lookin' down on creation,
   and the only explanation I can find is the love
     that I've found ever since you've been around.
Your love's put me at the top of the world.

Something in the wind has learned my name.
And it's tellin' me that things are not the same.
In the leaves on the trees and the touch of the breeze
   there's a pleasin' sense of happiness for me.

There is only one wish on my mind.
When this day is through, I hope that I will find
   that tomorrow will be just the same for you and me.
All I need will be mine if you are here.

* Repeat twice

トップ・オブ・ザ・ワールド　　歌：カーペンターズ

なんて最高な気分なの
見るものすべてが不思議なの
空には雲一つなく
お日さまが目に映るだけ
これが夢でも　驚かないわ

私が願うものすべて
　　今私だけのためにかなえられようとしている
理由は簡単
それは　あなたがここにいるから
あなたは私が知る中で　天国にいちばん近い人

＊私は今　世界のてっぺんから　ほかのみんなを見下ろしている
　　それはなぜって言えば
　　あなたと出会ってから知った愛のせい
あなたの愛が私を世界のてっぺんに舞い上がらせてくれたの

風の精が私の名前を覚えていて
「すべてが違って見えるわよ」と教えてくれる
木々の葉も　そよ風の感触も
　　私のことを喜んでくれるような感じ

願いは一つだけ
今日という日が終わっても
　　また明日も　私とあなたが　今日と変わらないように
あなたがここにいるときは私のあなたでありますように

＊くり返し（2回）

---

wonder: 不思議／coming true: 本当になる／heaven: 天国／creation: 創造物／explanation: 説明／the same: 同じ／breeze: そよ風／pleasin' sense: 楽しい感じ／wish: 願い／mind: 気持ち／through: 〜が終わって／hope: 願う

Top of the World

　リチャードとジョン・ベティス作詞・作曲による、カーペンターズのオリジナル曲。この曲こそまさにカリフォルニアの青い空、明るくさわやかなカーペンターズ・サウンドの代表作である。まずは日本でシングル化して大ヒットした。アメリカではリン・アンダーソンがカバーしてカントリー・チャートの第1位に輝き、1年遅れでカーペンターズもシングル化した。テレビドラマ『未成年』のオープニングテーマでもある。

　「世界の頂点」と訳せるこの曲は、すでにそれから起こりうる悲劇を予感させた。兄リチャードは小さいころからその音楽的才能を高く評価されて育ち、妹カレンはいつもその陰で目立たぬように育ってきた。母アグネスはそのリチャードを寵愛した。しかしながら運命は皮肉である。カーペンターズが世に出てからは、「天使の歌声」を持つと称される妹カレンばかりが脚光を浴びるようになった。そのためリチャードはノイローゼになり、カレンは拒食症（ダイエットを機に発症、精神的な要因もある）が悪化していく運命となる。ついには、カレンは拒食症から併発した病で32歳の若さで死去した。

　1973年の日本は高度経済成長期の中、円が変動相場制に移行した。世界的には、8月に金大中事件、10月に第4次中東戦争が勃発し、そのあおりで第1次石油危機（オイルショック）が起き、翌11月には日本で狂乱物価現象が起こり、ガソリンの値上がりやトイレットペーパーの買い占めなどさまざまな波紋を呼んだ。また、江崎玲於奈博士がノーベル物理学賞を受賞した年でもある。

　高度経済成長は、便利さと引き換えに青少年のコミュニケーション空間を奪い、成育環境を貧弱にしていった。1970年代に入ると不本意就学が増加し、数年後には校内暴力が教育シーンを彩ることとなった。中学校を舞台として制作された武田鉄矢主演のドラマ『3年B組金八先生』がお茶の間に登場したのも1970年代である。

Singles 1969-1981
The Carpenters
Universal International POCM 1586

この曲の使い方

Top of the World

★使用学年：3年生
★使用時期：現在完了、接触節の導入後
★主な言語材料：if, because, when などの接続詞（副詞節）
　　　　　　　　現在完了
　　　　　　　　接触節

★生徒のリアクション
　カーペンターズと言えば、真っ先にこの曲が浮かぶぐらい有名な曲なので、生徒の多くがテレビやラジオなどで耳にしている様子である。リズム的にもポップなビートで聴きやすいカレンの歌声は、生徒の意欲を刺激し、歌詞を全部覚えるぐらいまでに習熟する生徒も多い。

★授業での使い方
　通常は、ワークシート（虫食いの歌詞と対訳を印刷したもの）を配布し、曲を聴かせながらディクテーションを行う。ワークシートの使い方もいろいろな方法があるので、一つの方法にこだわらずに自分で考案したものをどんどん試してみて、よりよいものを作っていけばよい。例えば、ワークシート（完全な歌詞と対訳を虫食いにしたもの）を用意し生徒に配布する。ここで生徒に辞書を引かせて、適当な歌詞を作らせる活動をさせる。その後に対訳を生徒に見せて自分のものとの違いに気づかせる。
　ある程度歌えるようになったら、ギターなどの伴奏で楽しく歌うことに移行していく。この曲は生徒にとっては本当に歌いやすい曲である。

15. We've Only Just Begun
words and music by Paul Williams & Roger Nichols

We've only just begun to live.
White lace and promises,
   a kiss for luck, and we're on our way.
We've only begun.

Before the rising sun, we fly.
So many roads to choose.
We start out walkin' and learn to run.
And yes, we've just begun.

Sharin' horizons that are new to us.
Watchin' the signs along the way.
Talkin' it over, just the two of us.
Workin' together day to day, together.

And when the evening comes, we smile.
So much of life ahead.
We'll find a place where there's room to grow.
And yes, we've just begun.

Sharin' horizons that are new to us.
Watchin' the signs along the way.
Talkin' it over, just the two of us.
Workin' together day to day, together, together.

And when the evening comes, we smile.
So much of life ahead.
We'll find a place where there's room to grow.
And yes, we've just begun.

愛のプレリュード　　歌：カーペンターズ

二人の暮らしは始まったばかり
ウエディングドレス、誓いの言葉
　　幸せを願うキス、そして二人で旅立つの
二人の人生は始まったばかり

朝日が昇る前に空に旅立つの
選ぶべき道はたくさん
二人で歩き出し、そして走れるようになるの
そう、二人の人生は今始まったばかり

見知らぬ地平線を二人で眺め
途中の道しるべをよく見ながら
二人だけで語り合い
毎日一緒に生きていくの

夕暮れが訪れると二人でほほえみ合うの
これから先の人生は長いから
夢を育てられる場所がきっと見つかる
そう、二人の人生はたった今始まったばかりだから

見知らぬ地平線を二人で眺め
途中の道しるべに気を配り
二人だけで語り合い
毎日一緒に生きていくの　　一緒に

夕暮れが訪れると二人でほほえみ合うの
これから先の人生は長いから
夢を育てられる場所がきっと見つかる
そう、二人の人生はたった今始まったばかりだから

---

on our way: 道のりの途中で(=歩き出したところで)／start out ...ing: …し始める／learn to...: …できるようになる／new to...: …に初めての、経験のない／talk(in')... over: …を話し合う、相談する／day to day: 一日一日／room to grow: 成長する余地

We've Only Just Begun

　1970年代に世界を席巻した兄妹デュオ The Carpenters の最高傑作の一つと言われているが、意外なことに作曲は Richard E. Carpenter ではない。カリフォルニアのある銀行のテレビコマーシャル・ソング（歌っていたのは作詞者の Paul Williams）を聞いて Richard が気に入り、アレンジしてレパートリーに取り入れ、大ヒットした曲である。1970年10月末にはアメリカで第2位を記録した。

　当時 The Carpenters の人気がどれほどすごかったのか、1974年5〜6月の日本公演（彼らにとって3度目の来日）を例にとって紹介してみよう。羽田空港に到着した彼らは、ロビーに集まった数千人のファンや報道陣でもみくちゃにされた。また、現在のようなチケットの電話販売システムがなかったため、人気アーティストのチケットを入手しようと思えば、徹夜でプレイガイドに並んで整理券を確保するしかなかった。そこで混乱を避けるため、東京公演は The Beatles のときと同様に、はがき抽選による完全予約制となった。予約申込み期間は3〜4月の約1カ月間で、抽選はラジオ局ニッポン放送第1スタジオ（東京・有楽町）で行われた。応募数は武道館の3回公演に対して38万通余りで、The Beatles（20万通）の2倍近くに達した。当時中学2年生だった筆者は、卓球部の練習後に走って帰り、武道館公演のテレビ中継にかじりついたことを鮮明に記憶している。

　この公演の様子は、ビデオディスク CARPENTERS / Live at Budokan 1974（PolyGram Video: POLM-1021）として1996年に発売されている。ここでは、本来はドラマーである Karen のジャズ・ドラマーばりの軽快なスティックさばきも見所の一つである。この年の大阪公演は、CARPENTERS Live in Japan（POCM-1821/2）というCDに、ほぼノーカットで収録されている。

　We've Only Just Begun は、1974年の日本公演ではコンサートの最後を飾る曲として歌われている。「二人の人生は始まったばかり」という、新生活をスタートしたばかりのカップルにピッタリの歌詞のため、アメリカでは今でも結婚披露パーティーの定番ソングとなっている。日本で言えば、長渕剛の「乾杯」のような存在と言えるだろうか。

Yesterday Once More
The Carpenters
A&M 396 601-2

この曲の使い方

We've Only Just Begun

★使用学年・時期

　この歌の歌詞は、中学3年生で学習する現在完了（完了用法）の表す意味をわからせるのに最適である。「過去」と「現在完了」のニュアンスの違いは生徒には非常に難しい。しかし、この歌詞をじっくりと読み込むことによって、「現在完了」の表す現在・未来に関する含意（implication）を感じることができるだろう。

　また、We've only just begun というフレーズに現れる副詞 only が非常に大切な役割を果たしていることにも気づかせたい。only が入ることにより「今始まったところ、ただそれだけにすぎないのだ」という意味を表すことになり、今後に長い人生が続くことが暗示されることになる。

　この歌詞は具体的な事物について書かれているようにも読めるが、その事物によって「象徴的に何かのメッセージを伝えている」とも解釈できる。ぜひ、字面に隠れた意図を読み取り、考えさせる機会を与えたい。

　例えば、white lace はウェディングドレスの白いベールを、promises は誓いの言葉を、kiss for luck は幸福を願う口づけを表している。これらは、もちろん教会での結婚の重要な要素である。従って、ここでは「幸せな結婚式」のイメージが頭に浮かぶようにしたい。

　また、「朝日が昇る前に空に旅立つ」ことは表面的には「飛行機で新婚旅行に出かける」とも取れるが、「2人で人生の夜明けを迎える」ことが象徴的に重ね合わせて表現されているとも考えられる。同様に「夕暮れ」は「共に年齢を重ねた人生の晩年」を暗示していると解釈することもできる。

　授業で歌う英語の歌のモデルとしては、The Carpenters ほど恰好のものはないと言われる。明瞭でいて深みのある歌詞、手本となり、まねやすい発音・リズム等の諸条件をすべて備えているからである。Karen のボーカルのリズム感が素晴らしいのは、彼女が本来はドラマーだったことに起因するのかもしれない（同じことが Phil Collins に関してもよく言われている）。

　まずは歌詞をじっくりと読み込み、歌詞に込められた象徴的な意味合いを考えながら歌わせたい曲である。

16. Happy Birthday, Sweet Sixteen
words and music by Neil Sedaka & Howard Greenfield

Tra la-la-la-la la-la-la-la
Happy birthday, sweet sixteen.
Tra la-la-la-la la-la-la-la
Happy birthday, sweet sixteen.

Tonight's the night, I've waited for.
Because you're not a baby anymore.
You've turned into the prettiest girl I've ever seen.
Happy birthday, sweet sixteen.

What happened to that funny face?
My little tomboy now wears satins and lace.
I can't believe my eyes you're just a teenage dream.
Happy birthday, sweet sixteen.

When you were only six, I was your big brother.
Then when you were ten, we didn't like each other.
When you were thirteen, you were my funny valentine.
But since you've grown up, your future is sewn up.
From now on you're gonna be mine, so.

If I should smile with sweet surprise,
　it's just that you've grown up before my very eyes.
You've turned into the prettiest girl I've ever seen.
Happy birthday, sweet sixteen.

If I should smile with sweet surprise,
　it's just that you've grown up before my very eyes.
You've turned into the prettiest girl I've ever seen.
Happy birthday, sweet sixteen.

Tra la-la-la-la la-la-la-la
Happy birthday, sweet sixteen.
Tra la-la-la-la la-la-la-la
Happy birthday, sweet sixteen...

すてきな16歳　　歌：ニール・セダカ

トラ　ラララ　ラララ
誕生日おめでとう　16歳になったんだね
トラ　ラララ　ラララ
誕生日おめでとう　16歳になったんだね

ぼくはずっと今晩を待っていたんだよ
だってもうきみは大人になったんだからね
きみは今まで見た中でいちばんすてきな女の子に変身したんだね
16歳の誕生日、おめでとう

あのそばかすだらけの顔はどうしちゃったの
ぼくのかわいいおてんば娘は今、サテンとレースのドレスを着てぼくの前に立っている
ぼくは自分の目が信じられないよ　きみはまさにぼくの10代の夢だ
16歳の誕生日おめでとう

きみがちょうど6歳だったとき　ぼくはきみの大きなお兄ちゃんだった
　　そしてきみが10歳になったときは　二人はお互いにいがみあってたっけ
13歳になったときは　きみはおちゃめな恋人だった
でもきみが大きくなってからは　きみの未来は決まったね
今からきみはぼくと一緒に歩んで行くんだ

もしぼくがちょっと驚いたふうにほほえむとしたら
　　それはちょうどきみが、ぼくの目の前でどんどん大人になっていくからだよ
きみは本当にすてきな女の子になったね
16歳の誕生日おめでとう

もしぼくがちょっと驚いたふうにほほえむとしたら
　　それはちょうどきみが、ぼくの目の前でどんどん大人になっていくからだよ
きみは本当にすてきな女の子になったね
16歳の誕生日おめでとう

トラ　ラララ　ラララ
誕生日おめでとう　16歳になったんだね
トラ　ラララ　ラララ
誕生日おめでとう　16歳になったんだね…

---

turn into: 変身する／the prettiest girl (that) I've ever seen: ぼくが今まで会ったいちばんかわいい女の子／funny face: そばかすだらけの顔／tomboy:　おてんば娘／satins and lace: サテンとレースのついた／valentine:　恋人／future is sewn up:（きみの将来が）縫い合わされる

Happy Birthday, Sweet Sixteen

　1950年代から60年代にかけて大活躍したポール・アンカとニール・セダカはよく比較される。ポール・アンカのほうは16歳で「ダイアナ」を大ヒットさせ、その後「君はわが運命」「マイ・ホーム・タウン」など次々とヒットを生んだ。彼のねばっこい独特の歌い方は、かなり黒人音楽に影響を受けているようである。

　一方、ニール・セダカは、最初はソング・ライターとして身を立てようとしていた。コニー・フランシスのために作った「間抜けなキューピッド」や自作の「恋の日記」のヒットで人気を確立した。以後、「恋の片道切符」「おお！ キャロル」「カレンダー・ガール」「悲しき慕情」など、次々と大ヒット曲を生み出した。

　何より、彼の歌が他の歌と大きく違うのは、シャララ…、ダウン ドゥビー ドゥダウン ダウン カマ カマ…、ドゥワパッパー…、トラ ラララララ…などの軽妙なかけ声が多用されていることであろう。これらを聞いただけで、すぐに曲に愛着が生まれてくる。

　9歳でピアノを習い始めたニールは、12歳で音楽院の準備課程に入学する。こうしてクラシック音楽に傾倒していた彼は、詩人の卵ハワード・グリーンフィールドと出会い、曲作りに関心を持つようになる。

　そして、高校時代にキャロル・クライン（のちのキャロル・キング）と出会った彼は、積極的に曲を書くようになった。「おお！ キャロル」「カレンダー・ガール」は、キャロル・キングのことを歌った曲である。

　1960年代の後半は不遇の時代を過ごすことになるが、70年代に入って奇跡のカムバックを果たす。「雨に微笑みを（Laughter in the Rain）」と Bad Blood と立て続けにヒットを飛ばす。彼は「悲しき慕情（Breaking Up Is Hard to Do）」を現代風にアレンジして再レコーディングし、見事トップ10入りさせた。同じ曲を同じ歌手が歌ってトップ10に送り込んだのは彼が初めてである。

　ソングライターとして、彼は他の歌手にも曲を提供している。ちなみに、1975年にグラミー賞でレコード・オブ・ザ・イヤーを取って有名になった、キャプテン＆テニールの「愛ある限り（Love Will Keep Us Together）」は彼の作品である。

Neil Sedaka
Neil Sedaka
EURO TREND 152.443

この曲の使い方

Happy Birthday, Sweet Sixteen

★使用時期：2年生3学期、3年生1学期
★言語材料：接続詞when、最上級、現在完了など

　この歌は、アメリカのティーン・エイジャーを歌ったものである。1950年代の曲とはいいながらも、現代の若者にも当てはまる部分が多い。何よりも、共感できることが多いので、クイズで問いかける。ちなみにクイズは次の3つ。
　① この歌に出てくる男の子と女の子はどこにいるか。（女の子の家の玄関）
　② 二人の関係は？　　　　　　　　　　　　　　（幼なじみ）
　③ 二人は今からどこへ行こうとしているか。　　（ダンス・パーティー）

　「現在完了」を例にとって、具体的に授業の流れを示そう。現在完了を導入した後で、この歌のプリントを配る。
　「プリントの中に現在完了の文があります。それを見つけて下線を引きなさい」
　確認した後で、「現在完了の文が実は大切なことを示しています。今から3つクイズを出しますから、自分で（またはペアで）10分間考えなさい。見事3つとも正解の場合は、賞品を出します」「おおーっ!?」
　途中、「ヒントは第3スタンザにあります」「なぜ16歳の誕生日が問題なんだろうね？」と机間指導をしながら、つぶやくようにする。
　こうして、クイズに対する自分の考えを持ったら、最初の文からみんなで読み取っていく。頭からこうだと説明せずに、生徒たちの解釈をしっかりと発表させた後で、「ああ、そこは実はこういう意味なんだよ」と言うようにする。「えーっ、なんだあ。そうかあ!」という声がクラスに出てくるようになればしめたもの。どんどん内容にのめり込んでくるようになる。
　教師は最初から説明をしがちだが、生徒は自分の考えを持ったときにこそ意欲を見せる。単なる部分訳ではなく、クイズ形式にして当たれば賞品が出るというシステムにしてしまうことだ。断っておくが、めったなことでは当たらない。だからこそ、生徒たちは必死に考えて解こうとするのである。

ビートルズは私の永遠のインストラクター

　よく読者や、全国でのワークショップや講演でお会いした方から「中嶋先生のいちばん好きな英語の歌は何ですか」と聞かれることがある。私は迷わずビートルズの「ヘイ・ジュード」をあげる。私が初めて370円払って買ったレコードが「ヘイ・ジュード」なのである。すり切れるまで何百回も聞いた。後半のダダダ…で、ポールがシャウトする部分などは特に気に入っていた。電蓄で聞いていたので、最後はさすがに雑音だらけになり、また同じレコードを買いに行った。2枚のレコードを買ったのは、後にも先にもこの「ヘイ・ジュード」だけである。好きというよりも、思い入れが深いということだ。

　ちょうど小学校5年生のときにビートルズが来日し、ラジオから毎日のように流れてくるビートルズの曲を聴いた。聴くたびに、身体がウズウズしてどうしようもなかったことを覚えている。武道館コンサートのために来日したときの、一般の車がシャットアウトされた暁の高速道路を、パトカー数台従えて突っ走るビートルズの車。テレビカメラに向かって人さし指をくいっ、くいっと手前に曲げるジョンのかっこよさなどは、今でも鮮烈な思い出として記憶に残っている。「ヘイ・ジュード」からモンキーズへ、そしてLPのオールディーズ・ビートルズを購入してからは、洋楽の道をひた走った。

　私の英語のインストラクターは、いつもジョンでありポールだった。中学・高校時代は、1960年代後半から1970年代前半。今でも頻繁にラジオに登場する名曲が、きら星のごとく登場した。たくさんの思い出がある。ギター片手に友人とPPMの Leaving on a Jet Plane や Puff、サイモン&ガーファンクルの Sound of Silence や Boxer、ジョーン・バエズの We Shall Overcome や Joe Hill の曲をカバーしたりもした。

　いつの時代にも、忘れられない歌がある。歌はいろんな思い出と重なり、人の心を豊かにする。歌は理屈抜きにいい。歌は心を開く。教師も生徒も思う存分に心を開いて、授業を練り上げてほしい。まず教える教師が、歌へのこだわりを持つことが大切だろう。この本がきっかけとなって、読者のみなさんのクラスの生徒たちが、大きな声で歌を楽しんでくれることを心から期待したい。

中嶋 洋一
Yoichi Nakashima

1955年1月富山県生まれ。2016年現在、関西外国語大学英語国際学部教授。小学校5年から、ロック、R&B、ポップス（oldies）など、洋楽一筋。高校では、仲間とギターを弾いて歌った。
教師になり、荒れと直面するも、英語の歌が大きな支えとなった。小学校では、帰りの会で80曲の英語の歌とPhonicsを教えた。中学校では、「英詩作り（卒業文集）」、カラオケやパフォーマンス（歌って踊る）に取り組んだ。現在、大学では、学生と共に「歌の教材化」に挑戦している。英語の歌関係の著作物では『"英語の歌"で英語好きにするハヤ技30』（明治図書）、『ベストメイト（英語の歌88選）』（三友社）などがある。

歌を英語の授業に

　学生時代にビートルズの音楽と出会い、斬新な感動を覚えた。ギターを弾き歌を口ずさみながら自然に英語の言葉に慣れ、歌詞の意味がわかるようになり、いつしか英語を専門とする職業に就いた。

　1989年に文部省の中学校教員海外派遣生として、約2カ月間イギリスのランカスター大学で研修させていただく機会を得た。どの研修生もプロジェクトが課せられ、私は自分の希望と指導教官である Nelson Taylor 先生の勧めで、The Influence of the Beatles（ビートルズの影響）をテーマにランカスターやリバプールの町で、少年少女からお年寄りまでの、外国人を含めたさまざまな人にインタビューを試みた。「ビートルズを知ったきっかけは」「あなたにとってのビートルズとは」「ビートルズがあなた個人や社会に与えた影響は」などの質問を町行く人々に投げかけた。その結果、ビートルズの遺産が世代を越えて受け継がれていることがわかった。これは、ビートルズが社会現象であることの証明であろう（詳細は Minoyama Noboru, "The Influence of the Beatles"）。興味関心のある事柄を一生懸命に調べたり発表する中で、自然に英語力も身につけたわけである。

　英語の授業に占める歌の役割はとても大きい。その理由は第一に、歌の持つ力である。歌は人の心に入り込み、喜びや悲しみの感情を呼び起こしてくれるからである。また、歌を歌うことで喜びも悲しみも表現することができるからである。第二に、歌は授業に広がりを持たせるからである。英語の歌を歌うことは、英語が方法で歌が目的になるとき（歌うための英語）と、歌が方法で英語が目的になるとき（英語のための歌）の双方が揺れ動き、あまりに練習くさくなく面白みが増すのである。

　私は、英語の基礎・基本としての、ターゲットセンテンス、動詞の活用、形容詞の変化等をテーマにしてそれぞれ作詞し、ビートルズの曲を用いたり、作曲したりして、授業の中で実践してきた（友人の助けもあった）。これらの反響として、今でも卒業生から「よかった」「ためになった」という言葉が寄せられている。

　英語の歌という人類の「文化」を授業に取り入れ、英語指導に生かすことは、生徒にとって楽しくためになる授業を作ることに大いに寄与する。そして、教師自身が歌を好きになることはその必要条件である。

蓑山 昇
Noboru Minoyama

1953年埼玉県生まれ。埼玉大学卒業後中学校英語教諭となる。
1989年文部省海外研修生として、イギリスランカスター大学で研修。
1990年文部省指定ティームティーチングの研究発表を、英語研究主任として行う。
1992年コミュニケーションを目指した英語の指導と評価（文部省）作成協力者。

17 Change the World
words and music by Tommy Sims, Gordon Kennedy & Wayne Kirkpatrick

If I can reach the stars,
   pull one down for you,
     shine it on the heart.
So you could see the truth.
Then this love I have inside
   is everything it seems.
But for now I find
   it's only in my dreams.

If I can change the world,
   I would be the sunlight in your universe.
You would think my love was really something good,
   baby if I could change the world.

If I could be king, even for a day,
   I'd take you as my queen.
I'd have it no other way.
And our love will rule
   in this kingdom we have made.
Till then I'd be a fool
   wishing for the day.

If I can change the world,
   I would be the sunlight in your universe.
You would think my love was really something good,
   baby if I could change the world.
Baby if I could change the world.

If I could change the world,
   I would be the sunlight in your universe.
You would think my love was really something good,
Baby if I could change the world.
Baby if I could change the world.
Baby if I could change the world.

チェンジ・ザ・ワールド　　歌：エリック・クラプトン

もし星に手が届くなら
　　きみのために一つ取って
　　ハートに照らすよ
そうすればきみは真実が見えるはず
ぼくの中にある愛が
　　すべてに思えたとしても
今はまだ
　　夢の中のこと

もし世の中を変えることができるものなら
　　ぼくはきみの太陽になるよ
ぼくの愛が本当にいいものだと思うよ
　　もし世の中を変えることができたなら

もし一日だけでも　王様になれたなら
　　きみをお妃として迎えるよ
それ以外考えもしないよ
二人の愛が絶対さ
　　ぼくたちが築き上げた王国では
それまでは愚か者でいるさ
　　そんな日が来るのを願って

もし世の中を変えることができるものなら
　　ぼくはきみの太陽になるよ
ぼくの愛が本当にいいものだと思うよ
　　もし世の中を変えることができたなら
もし世の中を変えることができたなら

もし世の中を変えることができたなら
　　ぼくはきみの太陽になるよ
ぼくの愛が本当にいいものだと思うよ
もし世の中を変えることができたなら
もし世の中を変えることができたなら
もし世の中を変えることができたなら

reach: 手が届く／pull: 引っ張る／truth: 真実／inside: 〜の中に／sunlight: 太陽の光／universe: 宇宙／king: 王様／queen: お妃／rule: 支配する／kingdom: 王国／fool: 愚か者／wish: 願う

Change the World

　エリック・クラプトンはヤードバーズ、クリームなど、ロックの歴史上、伝説となっているバンドで活躍し「ミスター・スローハンド」のニックネームを持つイギリス生まれのギタリストである。幾度も来日し演奏を行っていて、日本のファンも多い。

　1991年、最愛の息子を失い、身を隠していたクラプトンが書き上げたのが「ティアズ・イン・ヘブン」であった。その曲が収録されているCD『アンプラグド』は、1992年のグラミー賞で六つの賞を独占することとなった。

　1996年の夏、エリック・クラプトンは映画『フェノミナン』のためにレコーディングした「チェンジ・ザ・ワールド」を発表。この曲で96年度グラミー賞の話題を独占した。

　1996年と言えば、アメリカのアトランタでオリンピックが開催された年。日本では橋本龍太郎内閣が成立し、沖縄の普天間米軍基地問題で日米が合意した。隣国台湾では初の総統直接選挙で李登輝が当選。また、国際連合が全面核実験禁止条約（CTBT）を採択した年である。

　前年の1995年1月には阪神・淡路大震災、3月には東京都心部でオウムによる地下鉄サリン事件、翌1997年3月には茨城県東海村の動燃再処理工場で、爆発事故が起きている。

　教育界においては、1990年代に入っても「荒れ」は消えず、小学校の「学級崩壊」などが話題にのぼるようになった。バブル経済が崩壊して以降、さらにいろいろな問題が起きている。「お受験」などという言葉が流行し始めたのもこのころである。

　そのころの中・高校生と言えば、大流行したポケットベルを持ち、女の子はルーズソックスを履いて街を闊歩していた時代であった。その数年後には携帯電話が彼らの必須アイテムとなっていった。

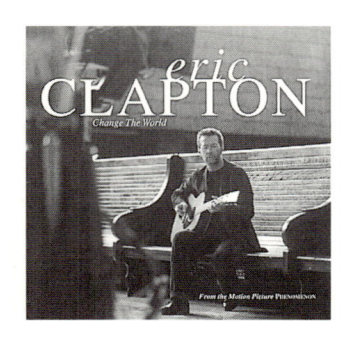

Change the World
Eric Clapton
Piprise WPCR-810

この曲の使い方

Change the World

★使用学年：3年生
★使用時期：現在完了・接触節の導入時
　　　　　　現在完了・接触節の導入後
★主な言語材料：if 節
　　　　　　　　現在完了
　　　　　　　　接触節

★生徒のリアクション
　テレビコマーシャルでも登場した曲なので、多くの生徒がコーラスの部分のメロディーを知っていた。また、甘くポップなラブソングというので、生徒はすぐに飛びついた。リズム的にも乗りやすい曲だから、数回で全部を歌えるようになった。

★授業での使い方
　まずは、ワークシート（虫食いの歌詞と対訳を印刷したもの）を配布し、曲を聴かせながらディクテーションを行う。その際に、挙手した者に1ポイント、正解した者には2ポイントを与えるようなシステムをとっているので、比較的英語の苦手な生徒でも積極的に挙手する。時には英語の苦手な生徒のほうが単語の音に対する先入観がないため、正解率が高いこともある。

　次に、主な言語材料の部分に触れる。現在完了や接触節導入時であれば、歌の導入後すぐにその部分に焦点を当てるようにする。現在完了や接触節導入後であれば、対訳を目隠しにしておいて、その部分がどんな意味であるかを生徒に問うなどして言語材料に触れさせる。

　ある程度歌えるようになったら、ギターなどの伴奏で楽しく歌うことに移行していく。

18 Imagine
words and music by John Lennon

Imagine there's no heaven.
It's easy if you try.
No hell below us,
   above us, only sky.
Imagine all the people
   living for today, a ha-ha.

Imagine there's no countries.
It isn't hard to do.
Nothing to kill or die for.
And no religion too.
Imagine all the people
   living life in peace, you-hu-hu.

You may say I'm a dreamer.
But I'm not the only one.
I hope someday you'll join us.
And the world will be as one.

Imagine no possessions.
I wonder if you can.
No need for greed or hunger.
A brotherhood of man.
Imagine all the people
   sharing all the world, you-hu-hu.

You may say I'm a dreamer.
But I'm not the only one.
I hope someday you'll join us.
And the world will live as one.

イマジン　　歌：ジョン・レノン

天国なんてない、と想像してみよう
やってみれば簡単さ
下には地獄もない
　　上にあるのは空だけ
みんな今日という日を力いっぱい
　　生きていると想像してみよう

国なんてない、と想像してみよう
難しいことじゃないさ
そのために殺したり死んだりするものはない
そして宗教もない
すべての人が
　　平和に日々を過ごすと想像してみよう

ぼくは夢想家だと言うかもしれない
でもぼく一人じゃないさ
いつの日にかあなたも仲間になってくれるといいな
そしたら世界は一つになるのに

物を所有することなんかない、と想像してみよう
あなたにはできるかな
欲や飢餓の必要もない
人類みな兄弟なのだから
すべての人々が
　　世界を共有することを想像してみよう

ぼくは夢想家だと言うかもしれない
でもぼく一人じゃないさ
いつの日にかあなたも仲間になってくれるといいな
そしたら世界の人々は一つになって生きていける

---

imagine: 想像する／heaven: 天国／hell: 地獄／below: 〜の下に／living for today: 今日のために生きている／die for...: …のために死ぬ／religion: 宗教／someday: いつか／possession(s): 所有物／greed: 欲／hunger: 飢餓／brotherhood: 兄弟であること／share: 分かち合う

Imagine

　1962年にデビューしたビートルズは数々の名曲と伝説を残し1970年に解散した。メンバーの1人ジョン・レノンは前年に結婚したオノ・ヨーコと愛の生活を始め、住居もニューヨークに移した。しかし、解散後に彼の曲が全米ナンバーワンを獲得するのは他の3名のメンバーよりも後になった。最初のナンバーワン・シングルは「夜をぶっ飛ばせ（Whatever Gets You Thru the Night, 1974年11月）」で Elton John とのコラボレーションが話題を呼んだ。次の（最後となった）ナンバーワンは1980年12月の（Just Like）Starting Over である。実はジョンは、1975年10月に長男 Sean が誕生してから5年間、曲を書いていないのだ。子どもの世話をし、家事をする「主夫」だったのである。5年間のブランクを乗り越え、ようやく曲を書き始めたのが家族旅行の滞在先バーミューダであった。1980年12月8日、世界に衝撃が走った。「ジョン・レノン射殺される」。最新アルバムの録音をし、次にリリースするアルバムのミキシングを終えて、ヨーコとスタジオから帰ってきたときに悲劇は起こった。自宅マンションの前で男に呼び止められて振り向いたジョンに5発の銃弾が撃ち込まれた。世界中が夢見たビートルズ再結成はついに実現することなく終わった。

　この歌は、全米ではナンバーワンになっていない。ヒットチャートを調べてみると1971年11月に最高3位どまりである。そして歌い手は、当時ジョンが率いていた Plastic Ono Band となっている。この月の前後のナンバーワンを見てみると、ロッド・スチュアート、シェール、アイザック・ヘイズ、スライ＆ファミリー・ストーン、メラニー、ドン・マクリーンと当時の実力派や人気者が目白押しなのだ。しかし、この Imagine はジョンの死後、愛と平和を訴え続けた彼のテーマソング的存在となった。彼の命日には世界中でこの曲が流れる。ニューヨークのセントラルパークにあるモニュメントには Imagine の文字が刻んである。

　なお、Imagine はフォークランド紛争（1982年）や湾岸戦争（1991年）のときにイギリスで放送禁止になった。

Shaved Fish
Lennon & Plastic Ono Band
東芝EMI CP32-5453

この曲の使い方

Imagine

★使用学年・時期

　1980年12月8日、世界を駆けめぐったニュースを聞いてあぜんとした筆者は、気を取り直して机に向かった。英字新聞1面の記事を教材にするためである。その次の日の授業ではやはりこの Imagine を聴かせた。

　歌が持つメッセージ性はさまざまだが、「平和」や「人類愛」のような抽象的な内容をメッセージに持つ歌は、低学年では理解できない。それなりの社会経験（疑似体験も含めて）を積んでいないと難しい。従ってそのような歌は3年生で導入することにしている。この歌も毎回3年生で扱っている。1学期に教科書の題材で戦争を扱った課があればそこで使ったこともあるが、2学期で使うことが多い。それも12月8日、ジョンの命日に合わせて使うのだ。12月8日は日本軍の真珠湾攻撃によって太平洋戦争が始まった日でもあるから、毎年生徒には戦争の話はしていた。ジョンの死後、その戦争の話と Imagine が持つ平和思想をからめて授業で使うことにしている。

★主な言語材料

① 複 文

　Imagine there's no heaven.

　Imagine there's no countries.

　You may say I'm a dreamer.

　I hope someday you'll join us.

　I wonder if you can.

② 現在分詞形を使った後置修飾

　Imagine all the people **living** life in peace,

　　living life in peaceはpeopleを修飾している。

　Imagine all the people **sharing** all the world,

　　sharing all the worldはpeopleを修飾している。

★実際の授業での流れ

準 備

Thank You for the Music のときと同じ（p.31）。

1時間目（30分）

プリントを配布する前に今日（12月8日）が何の日か考えさせる。

①〜④ までは基本的に Thank You for the Music のときと同じ。

⑤ ビートルズの映像、ジョンの映像を見せる。最後にセントラルパークのモニュメントの写真を見せる。

19. All I Want for Christmas Is You
words and music by Walter Afanasieff & Mariah Carey

I don't want a lot for Christmas.
There is just one thing I need.
I don't care about the presents
    underneath the Christmas tree.
I just want you for my own.
More than you could ever know.
Make my wish come true.
All I want for Christmas is you.

I don't want a lot for Christmas.
There is just one thing I need.
I don't care about the presents
    underneath the Christmas tree.
I don't need to hang my stocking
    there upon the fireplace.
Santa Claus won't make me happy
    with a toy on Christmas day.
I just want you for my own.
More than you could ever know.
Make my wish come true.
All I want for Christmas is you.
You baby, oh.

I won't ask for much this Christmas.
I won't even wish for snow.
I'm just gonna keep on waiting
    underneath the mistletoe.
I won't make a list and send it
    to the North Pole for Saint Nick.
I won't even stay awake
    to hear those magic reindeer click.
'Cause I just want you here tonight.
Holding on to me so tight.
What more can I do?
Oh, baby, all I want for Christmas is you.
You.

All the lights are shining
    so brightly everywhere.
And the sound of children's laughter
    fills the air.
And everyone is singing.
I hear those sleigh bells ringing.
Santa, won't you bring me the one
    I really need?
Won't you please bring my baby to me?

Oh, I don't want a lot for Christmas.
This is all I'm asking for.
I just want to see my baby.
Standing right outside my door.
I just want him for my own.
More than you could ever know.
Make my wish come true.
Oh, baby, all I want for Christmas is you.
You baby,
    all I want for Christmas is you, baby.
All I want for Christmas is you, baby...

オール・アイ・ウォント・フォー・クリスマス・イズ・ユー　歌：マライア・キャリー

クリスマスに多くは望まない
私が必要なのは一つだけ
プレゼントなんていらない
　　　クリスマスツリーの下に
あなたにいてほしい
あなた以上にそう思っている
どうか私の願いをかなえて
クリスマスに必要なのはあなただけ

クリスマスには何もいらない
必要なのはたった一つ
プレゼントなんていらない
　　　クリスマスツリーの下に
ストッキングなんてかけない
　　　暖炉の上に
サンタさんは幸せにしてくれない
　　　クリスマスにおもちゃはいらない
私はあなたにいてほしいだけ
あなたが思っている以上に
どうか願いがかなってほしい
クリスマスに必要なのはあなただけ
あなただけ

クリスマスには何もおねだりしない
雪さえ降らなくていい
ずっと待ち続けるの
　　　ヤドリギの下で
リストを作って送ったりしない
　　　北極のサンタさんに
わくわくして起きているなんてしない
　　　トナカイのそりの音を聞くために
だって今晩はあなたにここに来て
そばにいてほしい
それ以上のことはいらない
クリスマスに欲しいのはあなただけ
あなただけ

クリスマスのイルミネーションがきれい
　　　あちこちで輝いている
子供たちのはしゃぐ声が
　　　満ちあふれてる
みんなが歌っている
そりの鈴の音が聞こえる
サンタさん、ひとつだけ
　　　願いをかなえて
彼を連れてきて

ああ、クリスマスはほかに何もいらない
これだけでいい
彼に会いたいだけ
ドアの外に立って待っている
彼に来てほしい
あなたが思っている以上に
願いをかなえて
クリスマスに私が欲しいのはあなただけ
あなただけ
　　　クリスマスに私が欲しいのはあなただけ
クリスマスに私が欲しいのはあなただけ…

---

care about: 心配する／underneath: 〜の下に／my wish come true: 願いがかなう／fireplace: 暖炉／underneath the mistletoe: ヤドリギの下で（願いがかなうと言われている）／North Pole: 北極／Saint Nick: 聖ニコラス（Nick＝Nicholas）／reindeer: トナカイ／laughter fills the air: 笑い声があたりに満ちる／sleigh bells: そりの鈴

All I Want for Christmas Is You

　この曲は、ジョン・レノンの Happy Christmas やワム!の Last Christmas と同様、もうクリスマスの定番になってしまった感がある。クリスマス・ソングと言えば静かな哀愁のある曲が多い中で、ジャクソン・ファイブの「ママがサンタにキスをした」と、この All I Want for Christmas Is You は、とてもリズミカルで覚えやすいクリスマス・ソングではないだろうか。

　この曲を自分で書いているマライア・キャリーは、ニューヨーク生まれのニューヨーク育ち。元オペラ歌手の母親の影響で4歳から歌い始める。中学生のときには、もうすでに曲を書くようになっていた。

　1993年に Music Box、1994年に Merry Christmas、1995年に Daydream、そして1997年に Butterfly、1998年に ＃1's、1999年に Rainbow と立て続けにアルバムを発表し、すべてをプラチナ・アルバムにしている。

　また、マライア・キャリーは1990年代に、毎年ナンバーワンヒットを飛ばした唯一の歌手という輝かしい記録を持っている。これは過去（1920年代）において一人しか達成していない。60年ぶりに記録が更新されたということになる。

　また14曲がナンバーワンになったという記録は、女性ではシュプリームス（12曲）やマドンナ（11曲）を上回り、1990年代ではどのアーティストもなし得なかった記録となっている。

　マライア・キャリーは、親日家で、よく来日してコンサートを開いているだけでなく、コマーシャルなどにも積極的に出ている。

　彼女は、7オクターブ（ドレミの7音階）をしっかりと歌える喉を持っていると言われている。この曲は最後に you で終わっているが、生徒たちはその声の高さにびっくりする。このAll I Want for Christmas Is You は、一部とても速いところがあるが、丁寧に一息で読む練習をくり返すことで、必ずどの生徒も歌えるようになる。コツは1・2・3・4と、手で机をたたきながら音節を音符に乗せて歌えるようにすることである。最初、無理だと思っていた速い部分が、曲と同じように歌えるようになったときの自信は大きく、次の曲への意欲へとつながっていく。

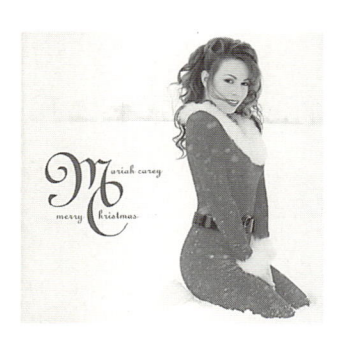

Merry Christmas
Mariah Carey
SONY SRCS 7492

この曲の使い方

★使用時期：2年生、3年生のクリスマス前
★言語材料：接触節（All I want）、SVOC の文型読み取り

接触節なら、All I want for Christmas is you. と板書して、意味を尋ねる。

ヒントとして　All ( ) I want ／ for Christmas　is you. と印をつける。

「この歌の中には、このような接触節がいくつか出てきます。蛍光ペンでその部分を塗ってみましょう」塗った後は、みんなで確認し、意味を考える。

　　There is just one thing I need.
　　Santa, won't you bring me the one I really need?
　　This is all I'm asking for.

同じように、間接疑問文もSVOC文型もこのように問いかけることができる。
　しかし、お薦めは読み取り（2年生）である。クリスマスに関する単語が数多く出てくるので、あらかじめ次のような語句に下線を引いておく。

　　Christmas, hang my stocking, fireplace, the mistletoe, North Pole, Saint Nick, reindeer, click, sleigh bells など。

クリスマスに関することは、知っているようで知らない。そこで、これらの語句を辞書で調べるように言う。ミソは「これは知らなかった、これは面白いという情報を、後で三つずつ紹介してもらいます」と言うことだ。こう言うと、辞書を真剣に読むようになる。ペアで協力して調べるように言うと、互いに相談しながら楽しく進める。楽しい辞書指導の時間になる。
　ちなみに、筆者が3年生で使うときは、英英辞書を使って次のように導入する。

　　Christmas is a Christian holiday celebrated on December 25. Many people go to church and give presents on Christmas.

　　A *fireplace* is an open place that is used for building fires indoors. It has a chimney to carry away the smoke.

　　Mistletoe is a plant with white berries that grows on the branches of some trees. It is used in Britain as a Christmas decoration.

　　Reindeer is a deer with large antlers.
　　（Macmillan First Dictionaryより）

などで、これらを読み取るわけである。

All I Want for Christmas Is You

20 Heal the World
words and music by Michael Jackson

著作権者の意向により歌詞・和訳を掲載することができません。

ヒール・ザ・ワールド 歌：マイケル・ジャクソン

heal: いやす／could be...: …である可能性がある／much brighter than...: …よりずっと輝かしい／there's no need to...: …する必要はない／hurt or sorrow: 痛みや悲しみ／care for...: …を気づかう／entire:全体の／human race: 人類／there are people dying: 死にゆく人々がいる／lie: うそをつく／joyful: 喜びに満ちた／bliss: 至上の喜び／fear or dread: 心配や恐れ／exist: 存在する／conceive: 考え出す／reveal: 姿を現す／grace: 優雅／strangle: 首を絞める／wound: 傷つける／crucify: 苦しめる／soul: 魂／plain: 明白な／heavenly: (天国のように)すばらしい／glow: 輝き／spirit: 魂／create: 創造する／cry happy tears: 幸せの涙を流す／nation: 国、国民／sword: 刀／plowshare: すきの刃

Heal the World

　マイケル・ジャクソン（Michael Jackson）は、幼少のころからジャクソン・ファイブのメンバーとして、兄たちと音楽活動を行ってきた。映画『ウィラード』の挿入歌「ベンのテーマ（Ben）」では、その見事な歌唱力を発揮しており、現在でも名曲として愛されている。

　1982年に発表したソロアルバム Thriller は音楽界のさまざまな記録を打ち破り、その後 Bad, Dangerous など大ヒットアルバムを次々と発表する。We Are the World を含めると、5年間で9曲がヒットチャートの1位の座を占め、マイケル・ジャクソンは80年代後半のポップミュージック界に君臨した。

　当時は MTV が話題を呼んだ時期だったが、単なるプロモーションビデオ的な作品が多かった。マイケルはビデオクリップにもっとメッセージ性やストーリー性を持たせたいと思い、巨匠ジョン・ランディスやリチャード・アッテンボローと組み、Thriller をはじめとする数々の名作ビデオを作成した。これがさらにマイケルの名声を高めることになる。

　Heal the World はアルバム Dangerous（1991 Epic Records）に収められており、作詞・作曲ともマイケル自身の手になる。Off the Wall, Thriller, Bad とクインシー・ジョーンズとの共同プロデュースでポピュラー路線のアルバムを作成してきたが、Dangerous はマイケル自身がプロデュースし、よりメッセージ性が大きくなった作品が集められている。そして Jam, Black or White, Liberian Girls, Dangerous, In the Closet, Remember the Time, Heal the World など、マイケル特有のダンスをふんだんに取り入れた、話題性豊かなビデオクリップ（マイケルはそれらを「ショート・フィルム」と呼んでいる）を数多く発表した。非常に完成度の高いアルバムで、ショート・フィルムともども、世界中で称賛を浴びた。余談だが、これらのビデオでマイケルは、全作 Bad のときよりも肌が白くなっている。これは身体に斑ができる病気にかかっていたマイケルが、それを治療した結果であると自身で述べているが、数々のタブロイド版をにぎわしたニュースソースの一つとなった。

　マイケルは、子どもたちは我々の最高の創造であると考えて、子どもたちの幸福を願い、恵まれない子どもたちを救済するため、「ヒール・ザ・ワールド基金」を設立している。また、1991年に行ったデンジャラス・ツアーの収益の一部を AIDS などの難病に苦しむ子どもたちの治療などに使った。マイケルの言動には賛否両論があるが、ポップシーンに新しい歴史を刻んだ天才歌手であることは、疑いの余地がない。

Dangerous
Michael Jackson
エピック ESCA 5500

この曲の使い方

Heal the World

　この歌のオリジナル曲冒頭には、子どもの声で次のようなナレーションが入っている。聞き取りの練習として使えるし、大意をとった後、生徒に（英語で）感想を求めるのもよいだろう。少なからず中学生には衝撃を与える内容である。

　Think about the generations and, say, we wanna make it a better place for our children and the children's children, so that they know it's a better world for them, and I think they can make it a better place.

　（世代というものを考えてみると、そうだなあ、ぼくたちは子どもたちやその子どもたちのためによりよい場所を作りたいと思うな。彼らがそれをよりよい世界だと考えるためにもね。そして、彼らはそれをよりよい場所にすることができると思うな。）

　この歌は、まず歌詞の内容を大切にしたい。2年生の後半から3年生にかけて、教科書には戦争と平和・国際理解・環境問題などをテーマにした単元がある。Heal the World はそれらのトピックに関連する歌なので、まずこの歌のタイトルから内容を推測させ、それから歌詞を読んでいき、読解させるとよい。

　やや歌詞が抽象的なので、最終的には訳を与え、We Are the World の歌詞と比較させる。We Are the World も Heal the World も相通じるテーマを持った曲であり、歌詞の中に There are people dying という同じ部分もある。しかし全体的には若干視点が異なっていることに気づかせる。つまり、We Are the World の歌詞に見える「与える」という態度から、6年後に出た Heal the World では、「一緒にやろうじゃないか」という呼びかけに変わっているのである。

　最後はビデオを見せる。Heal the World のビデオクリップには、スライド仕立てのようにスローモーションで次々と戦時下の街が出てくる。その中にはたくさんの子どもたちの姿が映っており、戦争で負傷してベッドに横たわる子どもに始まり、兵士に小さな花を手渡す少女、そしてこわばった表情で銃を構える兵士たちに笑顔で駆け寄る子どもたちが映し出される。やがて兵士たちは銃を投げ捨て、最後は数千人の子どもたちがろうそくを掲げ、そこからカメラはズームアウトして地球を手で包むシーンで終わる。そこにオーバーラップするのが、Heal the world we live in. Save it for our children. とくり返されるマイケルと子どもの歌声であり、感動的で優秀な教材となっている。歌を通して生徒の心を動かしたいものである。

(p.59より続く)「英語の歌大好き！」ストーリー　（大学編）

大学編①…初めた英語をしゃべったESS時代

　大学ではESSへ入部した。ESSではAFSなどでアメリカ帰りの同級生も多く、彼らの会話力についていくのが大変だった。しかしそこで役に立ったのは、すでに暗記していた100曲は越えていただろう英語の歌のフレーズである。頭で英作文してから話すことが多かった私の会話でも、英語の歌で覚えたフレーズは日本語を介さずにすっと口に出たのだから不思議だ。

大学編②…思い出の70年代

　本書掲載曲の多くは1970年代にヒットしたものである。音楽史上最も実り多かったと言われている70年代を私は青春のまっただ中で迎えたのである。なんという幸せであろうか。

　今手元に The Billboard Book of USA Number One Hits（Fred Bronson, GUINESS, 1988）という本がある。私が文部省海外研修中（1989年）に手に入れたものだ。うれしいことに私の生まれた年から1988年までのナンバーワンヒットがすべて載っている。この本に従って私の大学4年間をざっと振り返ってみよう。今でも時々耳にする歌がこんなにあるのだ。

```
1973年   Tie a Yellow Ribbon Round the Ole Oak Tree（Dawn）
         You Are the Sunshine of My Life（Stevie Wonder）
         My Love（Paul McCartney and the Wings）
         Touch Me in the Morning（Dianna Ross）
         Top of the World（The Carpenters）
1974年   The Way We Were（Barbra Streisand）
         Sunshine on My Shoulders（John Denver）
1975年   Please Mr. Postman（The Carpenters）
         Have You Never Been Mellow（Olivia Newton-John）
         Love Will Keep Us Together（The Captain and Tennille）
         That's the Way（I Like It）（KC and the Sunshine Band）
1976年   Saturday Night（The Bay City Rollers）
```

「英語の歌大好き!」ストーリー　（教師編）

教師編①…English Songs in Class

　教師になってからは、授業にギターを持ち込んで英語の歌を生徒と一緒に歌った。音楽再生装置・ソフトはラジカセ（カセットテープ）からCDプレーヤー、ビデオからLD（レーザーカラオケ）に変わっていった。中でも日本初の教育用レーザーカラオケである Let's Karaoke!（語研編パイオニア刊）は選曲段階で私もかかわったのでとても思い出深い。また、1994～95年の「NHKラジオ基礎英語②」では、担当の谷口幸夫先生（当時、筑波大附属駒場中・高）にお願いして毎月の英語の歌を担当させてもらった。メディアの伝播力はすごいもので「私も英語の歌を授業で使っています」という情報がどんどん寄せられるようになった。それらを目にして「いつかこれらの歌を集大成できたらいいな」と思っていた。

教師編②…「あとがき」に代えて

　2001年3月4日、6人の英語教師が再び集合した。本書の最終会議のためである。すでに原稿はあらかた上がり、最後の詰めをしていた。1曲1曲の歌詞、訳詞、ライナーノーツや授業での使い方をチェックしているうちに誰かが言い出した。「早くカラオケに行って歌いたいな」

　カラオケ店へ向かうタクシーの中で中嶋、田尻先生とこんな話をした。

　「今度の仕事は英語の歌の金字塔にしたいね」

　「そうだね、これまでの英語の歌の指導について全部盛り込めたらいいね」

　「今回の歌は70年代の歌が多いけど、次に同じような本を作るときにはもっと新しい歌も入れたいね」

　「でもそれは我々の仕事じゃなくて次の世代の先生方の仕事だね」

　カラオケ店では何があったのかは詳述しない。しかし6人全員が当時の中学生、高校生、大学生に戻ってしまったのは間違いない。

●お薦め曲リスト

タイトル	アーティスト	指導の観点
A Hard Day's Night	The Beatles	現在完了
A World Without Love	Peter and Gordon	what節/how節/where節
All My Loving	The Beatles	未来形
All Together Now	The Beatles	数字・アルファベット・色、命令文
All You Need Is Love	The Beatles	接触節
Already Gone	The Eagles	現在完了
Always	Atlantic Star	
America	Simon and Garfunkel	故郷
And I Love Her	The Beatles	格の変化、give AB
Annie's Song	John Denver	S+V+O+C
Be My Baby	The Ronettes	読み取り
Beautiful Boy	John Lennon	家族
Beautiful Sunday	Daniel Boone	雰囲気づくり(2年)
Beauty and the Beast	Celine Dion & Peabo Bryson	比較
Because	Dave Clark Five	why, because, give AB, 愛
Black or White	Michael Jackson	人種差別・人権
Blowin' in the Wind	Bob Dylan	must/can, before, how many, 反戦・平和
Born in the U.S.A.	Bruce Springsteen	国の誇り
Boxer	Simon and Garfunkel	社会
Calender Girl	Neil Sedaka	アメリカの年中行事
Candle in the Wind	Elton John	国の誇り
Candle in the Wind 1997	Elton John	国の誇り
Can't Buy Me Love	The Beatles	S+V+O+O
Can't Take My Eyes Off You	Boys Town Gang	雰囲気づくり(2年)
Chiquitita	ABBA	接触節
Christmas Eve	Tatsuro Yamashita	クリスマス
Christmas Time	Bryan Adams	読み取り
Close to You	The Carpenters	why, because, 愛
Copacabana	Barry Manilow	不規則動詞
Cruel War	Peter, Paul and Mary	反戦・平和
Dancing Queen	ABBA	〜ing
Daniel	Elton John	兄弟愛
Day Tripper	The Beatles	it takes（時間）
Daydream Believer	The Monkees	
Dismal Day	Bread	接触節
Does Anybody Really Know What Time It Is?	Chicago	間接疑問文
Do-Re-Mi	Sound Track	ことば遊び
Do They Know It's Christmas?	Band-Aid	反戦・平和、クリスマス、貧困・飢餓・南北問題
Do You Believe in Love	Huey Lewis and the News	総まとめ
Do You Know Where You're Going To?	Diana Ross	間接疑問文
Ebony and Ivory	Paul McCartney & Stevie Wonder	人種差別・人権
Edelweiss	Christopher Plammer	入門期
El Condor Pasa	Simon and Garfunkel	自分らしさ・夢

タイトル	アーティスト	指導の観点
Ellie My Love	Ray Charles	日本語→英語
Endless Love	Diana Ross & Lionel Richie	
Eternal Flame	The Bangles	分詞、読み取り
(Everything I Do) I Do It for You	Bryan Adams	愛
Fernando	ABBA	仮定法過去・時制の一致
First of May	The Bee Gees	接続詞
Footloose	Kenny Loggins	社会
Forever Man	Eric Clapton	how many
From a Distance	Nancy Griffith & Bette Midler	環境・世界・宇宙、読み取り
From Me to You	The Beatles	関係代名詞
Grandma's Feather Bed	John Denver	故郷
Happy Christmas	Plastic Ono Band	反戦・平和
Happy Christmas	John Lennon	反戦・平和、クリスマス、読み取り
Hard to Say I'm Sorry	Chicago	不定詞、It is for～to
Have You Ever Seen the Rain	Creedence Clearwater Revival	現在完了
Have You Never Been Mellow	Olivia Newton-John	現在完了形
Here Comes the Sun	The Beatles	倒置
Hey Jude	The Beatles	不定詞、使役動詞、命令文
Honesty	Billy Joel	友情、what節/how節/where節、不定詞
I Am Australian		国の誇り
I Believe	Yuko Yamaguchi	接続詞、疑問詞
I Don't Wanna Miss a Thing	Aerosmith	不定詞
I Should Have Known Better	The Beatles	should have done
I Still Haven't Found What I've Been Looking For	U2	現在完了、間接疑問文
I Wanna Dance with Somebody	Whitney Houston	関係代名詞
I Want to Hold Your Hand	The Beatles	不定詞
I'll Have to Say I Love You in a Song	Jim Croce	助動詞
If	Bread	接続詞、仮定法
If I Had a Million Dollars	The Barenaked Ladies	仮定法過去・時制の一致
If We Hold on Together	Diana Ross	接続詞、自分らしさ・夢
In My Life	The Beatles	現在完了
In the Name of Love	U2	人種差別・人権
It's a Small World	Mike Curve Congregation	入門期
It's Gonna Take Some Time	The Carpenters	未来形
Je Ne Sais Pas Pourquoi	Kylie Minogue	
Just the Way You Are	Billy Joel	関係代名詞
Keep the Faith	Michael Jackson	発音・リズム・スピード、信念
Last Christmas	Wham!	クリスマス
Leaving on a Jetplane	Peter, Paul and Mary	読み取り
Let It Be	The Beatles	使役動詞、接続詞、自分らしさ・夢
Let Them Know It's Christmas	Band Aid	貧困・飢餓・南北問題
Let Us Begin	John Denver	反戦・平和
Love Will Keep Us Alive	The Eagles	S+V+O+C

タイトル	アーティスト	指導の観点
Love's a Cradle	チャゲ&飛鳥の「天気予報の恋人」	no matter what, how, where
Lover's Concert	Sarah Boughn	雰囲気づくり（2年）
Man in the Mirror	Michael Jackson	貧困・飢餓・南北問題
Melody Fair	The Bee Gees	分詞
Mr. Moonlight	The Beatles	読み取り
My Girl	The Temptations	発音・リズム・スピード
My Heart Will Go On	Celine Dion	卒業前
My Hometown	Bruce Springsteen	故郷
My Little Town	Simon and Garfunkel	故郷
My Neighbor Totoro		日本語→英語
No Matter What	Bad Finger	no matter what, how, where
Nothing's Gonna Stop Us	Starship	未来形
Nowhere Man	The Beatles	社会
Ob-La-Di, Ob-La-Da	The Beatles	発音・リズム・スピード、三単現のS, Ice Breaker
Octopus's Garden	The Beatles	読み取り
Old McDonald Had a Farm	Standard	発音・リズム・スピード
One Love	Bob Marley	発音・リズム・スピード
One of Us	ABBA	one/some/many/much/most
Paperback Writer	The Beatles	発音・リズム・スピード
Please Please Me	The Beatles	please の意味
P. S. I Love You	The Beatles	入門期
Puff	Peter, Paul and Mary	後置修飾（分詞）
Que Sera Sera	Dorris Day/Mary Hopkins	未来形
Rock Around the Clock	Bill Haley & the Comets	how many
Rocky Mountain High	John Denver	自然と人間
Sailing	Rod Stewart	現在進行形・自分らしさ・夢・読み取り
Santa Claus Is Coming to Town	Standard	
Say You, Say Me	Lionel Richie	発音・リズム・スピード
She Loves You	The Beatles	三単現のS、過去形、複文
Small Town	John Cougar Mellencamp	故郷
Small World	Huey Lewis & the News	社会
So Much in Love	Timothy Schmitt/Art Garfunkel/Tatsuro Yamashita	接続詞、how to, what to
Somewhere in My Memory	John Williams	クリスマス
Sound of Music	Julie Andrews	自然と人間
Sound of Silence	Simon and Garfunkel	社会
Stand by Me	John Lennon/Ben E. King	接続詞、命令文・現在完了、愛
Sun City	Artists United Against Apartheid	人種差別・人権
Summer Holiday	Cliff Richard	夏休み前に
Summer Night in Riviera	Eiichi Otaki	日本語→英語
Sunday Bloody Sunday	John Lennon	反戦・平和
Sunshine on My Shoulder	John Denver	S+V+O+C, 自然と人間
Take It to the Limit	The Eagles	現在完了
Take the Last Train to Clarksville	The Monkees	読み取り

タイトル	アーティスト	指導の観点
Tears in Heaven	Eric Clapton	仮定法、家族、卒業前
Tell Me Why	The Beatles	間接疑問文
Thank God, I'm a Country Boy	John Denver	故郷
That's What Friends Are For	Dionne Warwick & Her Friends	友情
The Diary	Neil Sedaka	関係代名詞
The Long and Winding Road	The Beatles	関係代名詞
The Power of Love	Celine Dion	現在完了
The Rose	Bette Midler	自分らしさ・夢
The Star Spangled Banner		アメリカ国歌
This Time	Susanna Hoffs	there is
Those Were the Days	Mary Hopkins	過去形
Tie a Yellow Ribbon Round the Old Oak Tree	Dawn	現在完了
Till There Was You	The Beatles	接続詞
To Feel the Fire	Stevie Wonder	発音・リズム・スピード
True Colors	Cyndi Lauper	友情、卒業前、自分らしさ・夢
Twist and Shout	The Beatles	複文
Two of Us	The Beatles	one/some/many/much/most
Unforgettable	Nat King Cole & Natalie Cole	家族愛
We Are the Champions	Queen	発音・リズム・スピード
We Are the World	USA for Africa	反戦・平和、貧困・飢餓・南北問題、卒業前
We Can Work It Out	The Beatles	
We Shall Overcome	Joan Baez	人種差別・人権
We Wish You a Merry Christmas	Standard	
What a Wonderful World	Louis Armstrong	感嘆文
When Love Comes Knocking at Your Door	The Monkees	接続詞、読み取り
When Will I See You Again	The Three Degrees	未来形
When You Dream	Diana Ross	夢
When You Wish Upon a Star	Mike Curve Congregation	入門期、接続詞
Where Have All the Flowers Gone?	Peter, Paul and Mary	現在完了、反戦・平和、現在完了
Whose Bed Have Your Boots Been Under?	Shania Twain	現在完了
Winter Song	Dreams Come True	クリスマス、日本語→英語
Wish You Were Here	Pink Floyd	仮定法
Wonderful Tonight	Eric Clapton	家族愛
Words	F. R. David	雰囲気づくり(2年)
Yesterday	The Beatles	過去形、have to
You Are My Sunshine	Hank Williams	入門期
You Are the Sunshine of My Life	Stevie Wonder	
You Don't Have to Worry	As Soon As Possible	have to ～、日本語→英語
You Win My Love	Shania Twain	
Your Song	Elton John	複文
You're Only Lonely	J. D. Souther	接続詞
You've Got a Friend	Carol King/James Taylor	友情

●参考文献

The Beatles Anthology by The Beatles（リットー・ミュージック 2000）

The Beatles Day by Day －A Chronology 1962-1989 by Mark Lewisohn (Harmony Books 1990, New York)

The Billboard Book of USA Number One Hits by Fred Bronson (Guiness 1988)

The Complete Beatles Recording Sessions by Mark Lewisohn (Hamlyn 1988, London)

Say It Song by James House & Jeffery Manning (Macmillan Language House)

『朝日クロニクル週刊20世紀 1973年』永栄 潔（朝日新聞社）

『朝日クロニクル週刊20世紀 1996年』永栄 潔（朝日新聞社）

『"英語の歌"で英語好きにするハヤ技30』中嶋洋一（明治図書出版）

『NHKラジオ基礎英語②』（日本放送出版協会）1994-1995

『NHKラジオ基礎英語② CDリスニング講座』（日本放送出版協会）1995

『グラミー賞』FM fan編集部（共同通信社）

『John Lennon Museum Programme Playboy インタビュー PART2 ビートルズ詩集』岩谷 宏（シンコーミュージック）

『全曲解明!! ビートルズサウンド大研究（下）』チャック近藤（シンコー・ミュージック）1996

『西森マリーの訳詞教室』西森マリー（ジャパン・タイムズ）

『ビートルズ現役時代』青柳茂樹 編（シンコー・ミュージック）1987（『ミュージック・ライフ』(1964-70年)の復刻）

『ビートルズ事典』香月利一（立風書房）1974

『ビルボード・ナンバー1・ヒット 上下巻』フレッド・ロビンソン（音楽之友社）

『ベスト・メイト8巻（英語の歌88選）』中嶋洋一／米蒸健一編（三友社）

『やさしく歌える英語の歌 1』神保尚武／湯川れい子（日本放送出版協会）

『やさしく歌える英語の歌 2』神保尚武／湯川れい子（日本放送出版協会）

『ロックの心 1』アラン・ローゼン／福田昇八（大修館書店）

『ロックの心 2』アラン・ローゼン／福田昇八（大修館書店）

●Acknowledgements

p.10
Sing
Words and Music by Joe Raposo
© by JONICO MUSIC INC.
Permission granted by FUJIPACIFIC MUSIC INC.
Authorized for sale in Japan only.

p.14
Hello, Goodbye
Words and Music by John Lennon & Paul McCartney
Copyright © 1967 Sony / ATV Music Publishing LLC.
All rights administered by Sony / ATV Music Publishing LLC, 8 Music Square West, Nashville, TN 37203.
All Rights Reserved. Used by permission.
The rights for Japan licensed to Sony Music Publishing (Japan) Inc.

p.18
Yellow Submarine
Words and Music by John Lennon & Paul McCartney
Copyright © 1966 Sony / ATV Music Publishing LLC.
All rights administered by Sony / ATV Music Publishing LLC, 8 Music Square West, Nashville, TN 37203.
All Rights Reserved. Used by permission.
The rights for Japan licensed to Sony Music Publishing (Japan) Inc.

p.24
Take Me Out to the Ball Game
Words by Jack Norworth/Music by Albert Von Tilzer
© Copyright by 1908 Francis Day & Hunter Ltd.
The rights for Japan licensed to EMI Music Publishing Japan Ltd.

p.28
Thank You for the Music
Words and Music by Benny Andersson/Bjorn Ulvaeus
Copyright © 1977 UNIVERSAL-UNION SONGS MUSIKFOERLAG A.B.
All rights reserved. International copyright secured.
Print rights for Japan controlled by K.K. MUSIC SALES

p.32
I Just Called to Say I Love You
Words and Music by Stevie Wonder
© 1984 by Jobete Music Co.,Inc. and Black Bull Music, Inc.
Assigned for Japan to Taiyo Music, Inc.
Authorized for sale in Japan only.

p.36
Vacation
Words and Music by Connie Francis, Hank Hunter & Gary Weston
© Copyright by EMI Longitude Music
The rights for Japan licensed to EMI Music Publishing Japan Ltd.

p.42
Bridge Over Troubled Water （明日に架ける橋）
Words and Music by Paul Simon
Copyright © 1969 Paul Simon(BMI)
All rights reserved. International copyright secured.
Reprinted by permission.
Print rights for Japan controlled by K.K. MUSIC SALES
Authorized for sale only in Japan

p.46
Take Me Home, Country Roads
Words and Music by Bill Danoff, Taffy Nivert & John Denver
© Copyright RESERVER MEDIA MUSIC
All rights reserved. Used by permission.
Pringt rights for Japan administered by YAMAHA MUSIC PUBLISHING, INC.

© by BMG RUBY SONGS
Permission granted by FUJIPACIFIC MUSIC INC.
Authorized for sale in Japan only.

© Copyright by BMG RUBY SONGS
All Rights Reserved. Used by Permission.
Print rights for Japan controlled by Shinko Music Entertainment Co., Ltd.

●Acknowledgements

p.50
Help
Words and Music by John Lennon & Paul McCartney
Copyright © 1965 Sony / ATV Music Publishing LLC.
All rights administered by Sony / ATV Music Publishing LLC, 8 Music Square West, Nashville, TN 37203.
All Rights Reserved. Used by permission.
The rights for Japan licensed to Sony Music Publishing (Japan) Inc.

p.54
I Need to Be in Love
Words and Music by Richard Carpenter, John Bettis & Albert Hammond
© Copyright HAMMER AND NAILS MUSIC
All rights reserved. Used by permission.
Print rights for Japan administered by YAMAHA MUSIC PUBLISHING, INC.

© Copyright by Albert Hammond Music
The rights for Japan licensed to Sony Music Publishing (Japan) Inc.

p.60
Yesterday Once More
Words and Music by Richard Carpenter & John Bettis
© Copyright HAMMER AND NAILS MUSIC
All rights reserved. Used by permission.
Print rights for Japan administered by YAMAHA MUSIC PUBLISHING, INC.

p.64
Top of the World
Words and Music by John Bettis & Richard Carpenter
© Copyright HAMMER AND NAILS MUSIC
All rights reserved. Used by permission.
Print rights for Japan administered by YAMAHA MUSIC PUBLISHING, INC.

p.68
We've Only Just Begun
Words and Music by Roger Nichols & Paul Williams
© Copyright IRVING MUSIC
All rights reserved. Used by permission.
Print rights for Japan administered by YAMAHA MUSIC PUBLISHING, INC.

p.72
Happy Birthday, Sweet Sixteen
Words and Music by Neil Sedaka & Howard Greenfield
© by SCREEN GEMS-EMI MUSIC INC.
Permission granted by EMI Music Publishing Japan Ltd.
Authorised for sale in Japan only.

p.78
Change the World
Words and Music by Tommy Sims/Gordon Kennedy/Wayne Kirkpatrick
Copyright © 1996 UNIVERSAL-POLYGRAM INT'L PUBL. INC./
UNIVERSAL-MCA MUSIC PUBLISHING, A DIVISION OF UNIVERSAL STUDIOS, INC./
MAGIC BEANS MUSIC and UNIVERSAL MUSIC CAREERS
All rights reserved. International copyright secured.
Print rights for Japan controlled by K.K. MUSIC SALES

p.82
Imagine
Words and Music by John Lennon
© by LENONO MUSIC
Permission granted by FUJIPACIFIC MUSIC INC.
Authorized for sale in Japan only.

p.86
All I Want for Christmas Is You
Words and Music by Walter Afanasieff & Mariah Carey
© Copyright 1994 by Sony / ATV Tunes LLC, Tamal Vista Music & Kobalt Music Publishing Ltd.
The rights for Japan licensed to Sony Music Publishing (Japan) Inc.

p.90
Heal the World
歌詞は掲載していません。

決定版！授業で使える英語の歌20

2001年5月20日 初版発行
2016年3月25日 7版発行

著者
井上謙一　北原延晃　久保野雅史　田尻悟郎　中嶋洋一　蓑山昇

音楽制作
株式会社クラッセ

デザイン
アル グラフィカ

発行者
大熊隆晴

発行
開隆堂出版株式会社

発売
開隆館出版販売株式会社
〒113-8608 東京都文京区向丘1-13-1
Tel.03-5684-6115（編集）　03-5684-6118（販売）
振替 00100-5-55345
http://www.kairyudo.co.jp/

印刷
図書印刷株式会社

ISBN978-4-304-01171-9　C3037
●本書を無断で複製することは著作権法違反となります。
●乱丁本・落丁本はお取り替えいたします。
JASRAC 出0103640-607
JASRAC 錄R-0130649DE
JASRAC 錄R-0130650DE